Editora Appris Ltda.
1.ª Edição - Copyright© 2019 dos autores
Direitos de Edição Reservados à Editora Appris Ltda.

Nenhuma parte desta obra poderá ser utilizada indevidamente, sem estar de acordo com a Lei nº 9.610/98. Se incorreções forem encontradas, serão de exclusiva responsabilidade de seus organizadores. Foi realizado o Depósito Legal na Fundação Biblioteca Nacional, de acordo com as Leis nos 10.994, de 14/12/2004, e 12.192, de 14/01/2010.

Catalogação na Fonte
Elaborado por: Josefina A. S. Guedes
Bibliotecária CRB 9/870

T266s
2019
	Teixeira, Thiago Plaça
	   São Filipe Néri: devocionário / Thiago Plaça Teixeira. - 1. ed. Curitiba: Appris, 2019.
	   216 p.: il. ; 14,8 cm (Artêra)
	
	   Inclui bibliografias
	   ISBN 978-85-473-3602-8
	
	   1. Néri, Filipe, Santo, 1515-1595. 2. Santos católicos. I. Título. II. Série.

CDD – 280

Editora e Livraria Appris Ltda.
Av. Manoel Ribas, 2265 – Mercês
Curitiba/PR – CEP: 80810-002
Tel: (41) 3156 - 4731
www.editoraappris.com.br

Printed in Brazil
Impresso no Brasil

Thiago Plaça Teixeira

Devocionário

Appris
editora

FICHA TÉCNICA

EDITORIAL	Augusto V. de A. Coelho Marli Caetano Sara C. de Andrade Coelho
COMITÊ EDITORIAL	Andréa Barbosa Gouveia (UFPR) Jacques de Lima Ferreira (UP) Marilda Aparecida Behrens (PUCPR) Ana El Achkar (UNIVERSO/RJ) Conrado Moreira Mendes (PUC-MG) Eliete Correia dos Santos (UEPB) Fabiano Santos (UERJ/IESP) Francinete Fernandes de Sousa (UEPB) Francisco Carlos Duarte (PUCPR) Francisco de Assis (Fiam-Faam, SP, Brasil) Juliana Reichert Assunção Tonelli (UEL) Maria Aparecida Barbosa (USP) Maria Helena Zamora (PUC-Rio) Maria Margarida de Andrade (Umack) Roque Ismael da Costa Güllich (UFFS) Toni Reis (UFPR) Valdomiro de Oliveira (UFPR) Valério Brusamolin (IFPR)
ASSESSORIA EDITORIAL	Bruna Fernanda Martins
REVISÃO	Andrea Bassoto Gatto
PRODUÇÃO EDITORIAL	Lucas Andrade
PROJETO GRÁFICO	Giuliano Ferraz
COMUNICAÇÃO	Carlos Eduardo Pereira Débora Nazário Karla Pipolo Olegário
LIVRARIAS E EVENTOS	Estevão Misael

FIGURA 1 – *COROAÇÃO DA VIRGEM*, D. VELÁSQUEZ (1590-1660)[1]

---

[1] Disponível em: <https://upload.wikimedia.org/wikipedia/commons/b/b5/Diego_Vel%C3%A1zquez_-_Coronation_of_the_Virgin_-_Prado.jpg>. Acesso em: 06 out. 2018.

À Santíssima, Imaculada
e sempre Virgem Maria,
Mãe de Deus e Senhora nossa.

PREFÁCIO

O autor tem o mérito de condensar a vida e o pensamento do grande São Filipe Néri, cognominado o "Apóstolo de Roma", em um despretensioso opúsculo, agregando-lhe um rico devocionário. Os que já são devotos desse santo poderão ter em mãos um belo livro que certamente vai cobrir uma grande lacuna na literatura religiosa popular. Os que ainda não o conhecem poderão encontrar motivo suficiente para admirar o santo e, quem sabe, engrossar a fileira de seus devotos. Vale a pena conhecer a vida de S. Filipe Neri que, além de detentor de diversos dons e carismas, destacava-se pela sua jovialidade que o fez, além de protetor dos educadores, patrono dos comediantes. "Quando nos tornaremos melhores?" é a pergunta que o santo mais dirigia aos seus ouvintes e que certamente continua dirigindo a cada um dos leitores da presente obra.

Pe. Jonas dos Santos Lisboa
Administração Apostólica São João
Maria Vianney, Campos/RJ

APRESENTAÇÃO

Ensina-nos a Santa Madre Igreja que é coisa utilíssima invocar os Santos e de modo particular o Santo do nosso nome. Pois bem, eu e minha esposa, Melissa, recebemos das mãos da Santíssima Mãe de Deus a graça de um filho, um menino, e recebeu ele no Batismo o nome de José Felipe, em honra, assim, ao glorioso Patriarca São José, esposo de Maria Santíssima e pai nutrício de Nosso Senhor Jesus Cristo, e de São Filipe Néri, o Santo da alegria e o Apóstolo de Roma. Surgiu para nós, então, a necessidade de cultivar em família uma terna devoção a São Filipe Néri.

Dada, contudo, a carência em língua portuguesa de livros dedicados a tão grande Santo, fiz o propósito de organizar o presente devocionário. Está dividido em sete partes, precedidas de uma introdução, com uma pequena síntese da doutrina tradicional católica acerca do culto e da invocação dos Santos:

1.   *Vida de São Filipe Néri*, com uma brevíssima síntese de seus principais dados biográficos.

2.   *Máximas de São Filipe Néri*, com uma frase do Santo para meditação em cada dia do ano.

3.   *Novena*, com breves meditações sobre a vida de São Filipe Néri e sobre alguma virtude sua, seguidas de pequenas orações para cada um dos nove dias.

4.   *Orações*, com algumas preces avulsas.

5.   *Preces diárias*, com sete orações, uma para cada dia da semana, destinadas a implorar a obtenção de virtudes de São Filipe Néri.

6.   *Missa da festa de São Filipe Néri*, com as partes móveis da liturgia romana tradicional da Missa do dia 26 de maio, festa do Santo.

7.   *Meditação*, com uma breve explicação de um método clássico para se realizar oração mental, seguida de um texto que pode servir como leitura espiritual ou como guia para meditação sobre as virtudes de São Filipe Néri.

Espero, assim, que esse pequeno devocionário sirva para incentivar entre os fiéis católicos uma maior devoção por São Filipe Néri e, sobretudo, um desejo de, pela imitação de suas virtudes e com o auxílio da graça divina, cultivarmos uma vida verdadeiramente cristã, para que um dia gozemos ao lado dele a bem-aventurança eterna.

Thiago Plaça Teixeira
Curitiba, 26 de maio de 2015
Festa de São Filipe Néri

SUMÁRIO

INTRODUCAO 23

I VIDA DE SÃO FILIPE NÉRI 33

II AS MÁXIMAS DE SÃO FILIPE NÉRI PARA CADA DIA DO ANO 53

Janeiro 59

Fevereiro 64

Março 68

Abril 74

Maio 79

Junho 84

Julho 90

Agosto 95

Setembro 101

Outubro 106

Novembro 112

Dezembro 117

NOVENA A SÃO FILIPE NÉRI

127

Primeiro dia — 133

Segundo dia — 136

Terceiro dia — 139

Quarto dia — 141

Quinto dia — 143

Sexto dia — 146

Sétimo dia — 148

Oitavo dia — 151

Nono dia — 153

ORAÇÕES

157

Oração *(que se costuma recitar em Roma diante do corpo de São Filipe Néri)* — 159

Oração a São Filipe Néri — 160

Oração ao Espírito Santo — 161

Jaculatórias — 163

PRECES DIÁRIAS A SÃO FILIPE NÉRI

171

Domingo

174

Segunda-feira

175

Terça-feira

176

Quarta-feira

178

Quinta-feira

179

Sexta-feira

181

Sábado

182

MISSA DA FESTA DE SÃO FILIPE NÉRI

185

MEDITAÇÃO NA FESTA DE SÃO FILIPE NÉRI

195

Modo de fazer oração mental   197

   I. Preparação   197

   II. Meditação   198

   III. Conclusão   201

Depois da Meditação   202

26 de maio – Festa de São Filipe Néri   203

— INTRODUÇÃO —

presento a seguir, em forma de perguntas e respostas, uma breve síntese do ensinamento da Santa Igreja Católica sobre o culto e a invocação dos Santos.

1. O primeiro Mandamento da Lei de Deus – "Amar a Deus sobre todas as coisas" – proíbe honrar e invocar os Anjos e Santos?

"Não é proibido honrar e invocar os Anjos e os Santos, e até o devemos fazer, porque é coisa boa e útil, e altamente recomendada pela Igreja, já que eles são amigos de Deus e nossos intercessores junto d'Ele".[2]

---

[2] IGREJA CATÓLICA. Papa (1903-1914: Pio X). Catecismo maior de São Pio X: terceiro catecismo da doutrina cristã. Niterói: Permanência, 2010, p. 74.

2. Sendo Nosso Senhor Jesus Cristo o nosso único mediador junto de Deus, por que recorremos também à intercessão da Santíssima Virgem e dos Santos?

"Jesus Cristo é o nosso mediador junto de Deus, enquanto, sendo verdadeiro Deus e verdadeiro Homem, só Ele, em virtude dos próprios merecimentos, reconciliou-nos com Deus e d'Ele nos obtém todas as graças. Mas a Santíssima Virgem e os Santos, em virtude dos merecimentos de Jesus Cristo, e pela caridade que os une a Deus e a nós, auxiliam-nos com a sua intercessão a alcançar as graças que pedimos. E esse é um dos grandes bens da comunhão dos Santos".[3]

3. Podemos honrar também as sagradas imagens de Nosso Senhor Jesus Cristo e dos Santos?

"Sim, porque a honra que se tributa às sagradas imagens de Jesus Cristo e dos Santos se refere às suas mesmas pessoas".[4]

---

[3] Ibidem, p. 74.

[4] Ibidem, p. 74.

São Filipe Néri: devocionário

4. E as relíquias dos Santos, podem honrar-se?

"Sim, também as relíquias dos Santos podem e devem honrar-se, porque os seus corpos foram membros vivos de Jesus Cristo e templos do Espírito Santo, e devem ressurgir gloriosos para a vida eterna".[5]

5. Que diferença há entre o culto que prestamos a Deus e o culto que prestamos aos Santos?

"Entre o culto que prestamos a Deus e o culto que prestamos aos Santos há esta diferença: a Deus adoramo-Lo pela sua infinita excelência, ao passo que aos Santos não os adoramos, mas só os honramos e veneramos como a amigos de Deus e nossos intercessores junto d'Ele. O culto que prestamos a Deus chama-se *latria*, isto é, de adoração, e o culto que prestamos aos Santos chama-se *dulia*, isto é, de veneração aos servos de Deus; enfim, o culto especial que prestamos à Maria Santíssima chama-se

---

[5] Ibidem, p. 74.

hiperdulia, isto é, de essencialíssima veneração, como Mãe de Deus".[6]

6. É coisa boa e útil recorrer à intercessão dos Santos?

"É coisa utilíssima invocar os Santos, e todo e qualquer cristão o deve fazer. Devemos invocar particularmente nossos Anjos da Guarda, São José, protetor da Igreja, os Santos Apóstolos, o Santo do nosso nome e os Santos protetores da diocese e da paróquia".[7]

7. Que diferença há entre as orações que fazemos a Deus e as que fazemos aos Santos?

"Entre as orações que fazemos a Deus e as que fazemos aos Santos há esta diferença: a Deus, invocamo-Lo a fim de que, como autor das graças, dê-nos os bens e nos livre dos males, e aos Santos, invocamo-los para que, como advogados junto de Deus, intercedam por nós."[8]

---

[6] Ibidem, p. 74.

[7] Ibidem, p. 70.

[8] Ibidem, p. 70.

8. Que queremos dizer quando dizemos que um Santo concedeu uma graça?

"Quando dizemos que um Santo concedeu uma graça, queremos dizer que esse Santo obteve de Deus aquela graça".[9]

9. O que é um Beato?

Beato é o nome dado ao Servo de Deus que foi beatificado. A *beatificação* é a sentença pela qual a Santa Igreja reconhece ou declara a santidade de um Servo de Deus. Tal declaração é *formal* quando o Papa permite seu culto público com determinadas condições e limites após estabelecer-se a prova jurídica de que: (1) ao servo de Deus não se lhe prestou culto público; (2) o servo de Deus praticou as virtudes em grau heroico ou sofreu o martírio; e (3) são autênticos os milagres operados por sua intercessão. A declaração é *equivalente* quando o Papa confirma o culto público tributado desde tempos imemoriais a um servo de Deus,

---

[9] Ibidem, p. 70.

sendo considerado também nesse caso a sua fama de santidade ou o seu martírio.[10]

10. O que é um Santo?

Santo é o nome dado ao Beato que foi canonizado. A *canonização* é a sentença solene com que o Papa declara que um Beato goza atualmente da glória celestial e impõe o seu culto a toda a Igreja. Segundo a doutrina mais comum, nesse juízo, que é definitivo e preceptivo do culto, o Papa é infalível. Por esse ato pontifício: (1) deve-se ao Santo o "culto de dulia"; (2) a imagem do Santo deve ser circundada pela auréola; (3) as relíquias do Santo podem ser expostas à veneração; (4) pode ser celebrada Missa e Ofício em honra do Santo; (5) pode ser dedicado um dia de festa à memória do Santo.[11]

---

[10] PARENTE, P. **Diccionario de Teología Dogmática**. Barcelona: Editorial Litúrgica Española, 1955. p. 46-47 [tradução nossa].

[11] PARENTE, 1955, p. 57 [tradução nossa].

São Filipe Néri: *devocionário*

FIGURA 2 – *SÃO FILIPE NÉRI EM ÊXTASE*, G. RENI (1575-1642)[12]

---

[12] Disponível em: <https://upload.wikimedia.org/wikipedia/commons/a/ab/Guido_Reni_-_St_Filippo_Neri_in_Ecstasy_-_WGA19295.jpg>. Acesso em: 10 fev. 2018.

VIDA DE SÃO FILIPE NÉRI

asceu Filipe Néri em Florença, na Itália, a 21 de julho de 1515, filho de Francesco Néri, tabelião, e de Lucrezia di Masciano. Foi batizado já no dia seguinte ao seu nascimento. Teve três irmãos: Caterina, Elisabetta e Antônio. Sabe-se que desde criança Filipe demonstrava grande bondade de coração, sendo chamado, em família, de *Pippo buono* ("o bom Filipinho"). Fez seus estudos com os dominicanos do convento de São Marcos, em Florença, e lá também recebeu a primeira formação cristã. Por volta dos 18 anos mudou-se para San Germano, onde passou a viver como aprendiz de vendedor, com seu tio Rômulo, um abastado comerciante, de quem deveria herdar. Contudo Filipe sentiu-se chamado a uma vida mais perfeita e, para melhor servir a Deus, deixou tudo e foi para Roma.[13]

Na Cidade Eterna, Filipe veio a morar com um conterrâneo seu e mantinha-se por meio da tarefa que assumiu de preceptor dos dois filhos de seu hospedeiro. Levava uma vida de eremita e, ao mesmo tempo, também estudava Filosofia e Teologia. Durante cerca de dez anos entregou-se à oração, à leitura da Sagrada Escritura e de alguns autores espirituais, bem como à meditação da Paixão de Cristo, seja em alguma igreja romana, seja nas catacumbas de São Sebastião, local que especialmente lhe agradava. Estabeleceu para si mesmo o costume, mais tarde expandido para multidões inteiras, de visitar as sete grandes basílicas de Roma.[14]

Em 1544, à idade de 29 anos, ocorreu o episódio conhecido como *Pentecostes de Filipe*.

---

[13] BACCI, P. G. **Vita di S. Filippo Neri**. Monza: Tipografia dell'Instituto dei Paolini, 1851. p. 3-13; ROHRBACHER. **Vida dos Santos**. v. 9. São Paulo: Editora das Américas, 1959. p. 211-212; XIMENES, G. S. **Filipe Neri**: o sorriso de Deus. São Paulo: Quadrante, 1998. p. 3-9.

[14] BACCI, 1851, p. 13-26; ROHRBACHER, 1959, p. 212-213; XIMENES, 1998, p. 10-13.

Estando Filipe Néri uma determinada noite em oração nas catacumbas de São Sebastião, viu ele uma bola de fogo que lhe entrava pela boca e lhe dilatava o peito de tal forma que pensou que morreria. Tendo caído ao chão, gritou: "Basta, Senhor, basta!". Desse acontecimento resultou a Filipe uma série de consequências extraordinárias: palpitação e tremor por todo o corpo, mas somente quando se ocupava das coisas divinas (na oração, ao rezar Missa, ao comungar, ao pregar etc.); calor interior intenso, não se alterando nem mesmo pelos dias mais rigorosos do inverno de Roma; e uma dilatação peitoral do tamanho aproximado de um punho à altura do coração, algo inclusive verificado pelo médico que fez autópsia no corpo do santo, constatando-se, então, que a quarta e a quinta costela estavam completamente rompidas pelo meio, de tal forma que as duas extremidades estavam tão distanciadas entre si que não puderam unir-se durante cinquenta anos, isto é, desde o ocorrido até a morte do santo.[15]

---

[15] BACCI, 1851, p. 26-34; ROHRBACHER, 1959, p. 213-214; XIMENES, 1998, p. 16-17.

FIGURA 3 – VIA APPIA, ROMA[16]

---

[16] Disponível em: <http://tulacampos.blogspot.com.br/2012/05/sao-filipe-neri-e-alegria-dos-santos.html>. Acesso em: 10 fev. 2018.

FIGURA 4 – CATACUMBA DE SÃO
SEBASTIÃO, ROMA[17]

---

[17] Disponível em: <http://tulacampos.blogspot.com.br/2012/05/sao-filipe-neri-e-alegria-dos-santos.html>. Acesso em: 10 fev. 2018.

Não somente ao estudo, à oração e à mortificação extraordinária dedicou-se Filipe, mas também às obras de caridade para com o próximo. Com sua amabilidade natural, aperfeiçoada pela graça divina, percorria ele ruas, praças, escolas e os lugares mais frequentados de Roma, para conquistar almas para Deus. Nesse seu frutuoso apostolado, conseguiu inúmeras conversões e vocações religiosas para as Ordens e Congregações da época, ainda que ele mesmo continuasse sendo apenas leigo. Foi também assíduo nas obras de misericórdia corporais. Dedicou-se, sobretudo, ao cuidado dos enfermos, visitando-os nos hospitais, servindo-os dia e noite em todas as necessidades, obra esta que não só provocava admiração de todos, mas também se tornou exemplo seguido por muitos clérigos, leigos e nobres.[18]

O primeiro confessor e diretor espiritual de Filipe Néri foi o Pe. Persiano Rosa, um padre de vida santa que habitava na igreja de *San Girolamo della Carità.* Juntamente com tal

---

[18] BACCI, 1851, p. 35-40; ROHRBACHER, 1959, p. 214-215; XIMENES, 1998, p. 13-16.

sacerdote, fundou Filipe, em 1548, a *Confraternidade da Santíssima Trindade dos Peregrinos e Convalescentes,* na igreja de *San Salvatore del Campo.* Reuniam-se pessoas simples, mas piedosas, que se dedicavam a exercícios espirituais e, mais tarde, também ao atendimento dos pobres e convalescentes entre a multidão de peregrinos que iam a Roma. Foi também o Pe. Persiano Rosa quem conduziu Filipe ao sacerdócio. Depois de alguns rápidos estudos, Filipe Néri, por obediência a seu confessor, foi ordenado sacerdote em 23 de maio de 1551, aos 36 anos de idade, na igreja de *San Tommaso in Parione.* A partir de sua ordenação, Filipe passou a residir em uma casa ao lado da igreja de *San Girolamo,* em Roma. Nessa residência moravam clérigos seculares, que não eram submetidos a uma Regra, e ali permaneceu Filipe por 32 anos.[19]

Como sacerdote, nutria Filipe um ardente amor pela Santíssima Eucaristia, celebrando Missa com abrasado fervor todos os dias e sendo um verdadeiro apóstolo da

---

[19] BACCI, 1851, p. 40-47; ROHRBACHER, 1959, p. 215-216; XIMENES, 1998, p. 17-18.

Confissão. Desde o começo da manhã colocava-se à disposição dos penitentes e, tendo sua fama se espalhado por toda Roma, chegou a atender dezenas de milhares de pessoas. Tal como ocorreria com o Cura d'Ars no século XIX e também com outros santos sacerdotes ao longo da história da Igreja, também o Pe. Filipe Néri recebeu especiais dons celestes para seu ofício de confessor, particularmente o de conhecer os pecados das pessoas antes mesmos de se acusarem deles. Costumava dirigir as almas com grande caridade e também, muitas vezes, com bom humor. Se consigo mesmo era severo em tudo, para os outros era bondoso e amável, sobretudo com os pecadores que a ele recorriam.[20]

---

[20] BACCI, 1851, p. 48-51; ROHRBACHER, 1959, p. 216-217; XIMENES, 1998, p. 20-25.

FIGURA 5 – *SÃO FILIPE NÉRI*, C. GIAQUINTO (1703-1766)[21]

---

[21] Disponível em:<http://tulacampos.blogspot.com.br/2012/05/sao-filipe-neri-e-alegria-dos-santos.html>. Acesso em: 10 fev. 2018.

Vendo a necessidade de formar mais amplamente os fiéis que o procuravam, passou Filipe Néri a reuni-los, inicialmente em sua residência, em *San Girolamo*, para conversar sobre temas espirituais. Entre outras coisas, davam-se conselhos, faziam-se leituras e comentários sobre algum livro de piedade, discorria-se sobre episódios da história da Igreja ou da vida dos santos, sobre questões de virtude ou de doutrina, executavam-se músicas piedosas etc. Após a reunião, o grupo ainda saía para atender doentes em algum hospital ou visitar o Santíssimo Sacramento em alguma igreja. Por volta de 1557, foi preciso transferir os encontros para uma capela lateral da igreja de *San Girolamo* adaptada para esse fim: era, então, o "Oratório", nome que designaria a futura Congregação. Procurava Filipe, com os diversos exercícios piedosos que promovia, afastar seus filhos espirituais, sobretudo os jovens, dos perigos e seduções do mundo, instrui-los e encaminhá-los na prática das virtudes cristãs. Dessas reuniões, inicialmente frequentadas por leigos, participaram mais tarde intelectuais, bispos e cardeais, entre os quais os futuros Papas Gregório XIII e Clemente VIII.[22]

Os louváveis exercícios promovidos por Filipe desde aproximadamente 1552, que só abrasavam a piedade dos fiéis, suscitaram a inveja dos perversos e uma série de calúnias e perseguições contra o santo. Suportou-as sempre com heroica paciência, humildade e profunda confiança na Providência Divina.[23]

Por volta de 1563-64, quando Filipe acabava de se curar de uma grave doença que quase o levou à morte, a paróquia de *San Giovanni dei Fiorentini* foi confiada aos seus discípulos. Foi nessa igreja que pela primeira vez seus filhos espirituais passaram a viver em comunidade, seguindo algumas poucas regras. Em 1574, visando a conseguir uma igreja própria para os oratorianos, Filipe saiu à procura de um lugar. O Papa Gregório XIII ofereceu-lhe, então, a igreja de *Santa Maria in Vallicella*, que foi reconstruída a partir de 1575

---

[22] BACCI, 1851, p. 91-101; ROHRBACHER, 1959, p. 218-219; XIMENES, 1998, p. 28-31.

[23] BACCI, 1851, p. 108-120; ROHRBACHER, 1959, p. 219-220; XIMENES, 1998, p. 34-41.

por Filipe, com ajuda de esmolas e contribuições, vindo a ser chamada de *Chiesa Nuova*. No ano de 1575, a Congregação do Oratório foi erigida canonicamente e passou, desde então, a ser favorecida pelo Papado. Em 1577, os membros do Oratório se mudaram para a *Chiesa Nuova*, mas Filipe permaneceu em sua antiga casa, em *San Girolamo*, de onde só saiu em 1583, a pedido do Papa, mudando-se, então, para a casa central dos oratorianos, onde ficou até o fim da vida.[24]

---

[24] BACCI, 1851, p. 101-108; 120-130; ROHRBACHER, 1959, p. 220-222; XIMENES, 1998, p. 41-43.

FIGURA 6 – IGREJA SANTA MARIA IN
VALLICELLA ("CHIESA NUOVA") – EXTERIOR[25]

---

[25] Disponível em: <https://pt.wikipedia.org/wiki/Santa_Maria_in_Vallicella>. Acesso em: 09 fev. 2018.

FIGURA 7 – IGREJA SANTA MARIA IN VALLICELLA ("CHIESA NUOVA") – INTERIOR[26]

São Filipe Néri morreu em 26 de maio de 1595, na noite após a festa do Corpo de Deus. Foi canonizado 27 anos depois, a 12 de março de 1622, pelo Papa Gregório XV, que, na mesma cerimônia, elevou aos altares também outros quatro novos santos: Santo Isidro Lavrador, Santo Inácio de Loyola, São Francisco Xavier e Santa Teresa d'Ávila.[27]

---

[26] Disponível em: <https://pt.wikipedia.org/wiki/Santa_Maria_in_Vallicella>. Acesso em: 09 fev. 2018.
[27] BACCI, 1851, p. 230-234; ROHRBACHER, 1959, p. 234; XIMENES, 1998, p. 73-76.

FIGURA 8 – CAPELA DE SÃO FILIPE NÉRI NA IGREJA SANTA MARIA IN VALLICELLA ("CHIESA NUOVA"), ROMA[28]

---

[28] Disponível em: <http://2.bp.blogspot.com/_cQ2xhpZfenk/S_ 1TIdzlwsI/AAAAAAAAOYA/PBBCt4kDh_s/s1600/Tomb+o-

FIGURA 9 – CORPO DE SÃO FILIPE NÉRI, IGREJA SANTA MARIA IN VALLICELLA ("CHIESA NUOVA"), ROMA [29]

A todos quanto o conheceram, deixou São Filipe Néri exemplos extraordinários de zelo pela Fé, caridade ardente, alegria e bom humor, humildade, bondade e obediência. Por ter vivido rodeado de eventos sobrenaturais, como curas, profecias, conversões extraordinárias etc., São Filipe Néri teve a

---

f+St.+Philip+Neri.JPG>. Acesso em: 10 fev. 2018.

[29] Disponível em: <https://upload.wikimedia.org/wikipedia/commons/1/16/S_Filipo_Neri_chapel.JPG>. Acesso em: 10 fev. 2018.

São Filipe Néri: devocionario

fama de *taumaturgo*, e pelo seu intenso trabalho na Cidade Eterna ficou conhecido como o *Apóstolo de Roma*.

FIGURA 10 – *NOSSA SENHORA NA GLÓRIA COM O MENINO E SÃO FILIPE NÉRI*, G. B. TIEPOLO (1739-40)[30]

---

[30] Disponível em: <https://upload.wikimedia.org/wikipedia/commons/5/5c/Giovanni_Battista_Tiepolo_-_The_Virgin_Appearing_to_St_Philip_Neri_-_WGA22285.jpg>. Acesso em: 10 fev. 2018.

AS MÁXIMAS DE SÃO FILIPE NÉRI PARA CADA DIA DO ANO

ão Filipe Néri queimou tudo o que havia escrito e a única coisa que sobrou foram as suas famosas *Massime* [Máximas], que só sobreviveram porque seus seguidores as compilaram após a sua morte, baseando-se nos conselhos que o santo lhes dava. São essas *Máximas* que apresento, traduzidas ao português, nas páginas seguintes. Baseei-me principalmente na versão inglesa de 1847, do Pe. Frederick William Faber, mas também usei como referência outras duas versões, uma em italiano e outra em espanhol.[31] Para melhor indicar ao leitor o propósito dessas frases, cito a seguir as palavras do antigo editor da versão italiana das *Máximas*, palavras

---

[31] Cf. Referências.

estas também indicadas pelo Pe. Faber no prefácio de sua versão inglesa:

> Era o objetivo do santo pai, Filipe Néri, introduzir entre os cristãos uma breve refeição espiritual diária. Seus filhos, que beberam do espírito de seu santo pai, sempre procuraram cultivar este costume de uma refeição espiritual entre as pessoas piedosas; e entre os métodos tentados e as práticas por eles introduzidas, um deles é uma coleção de ditos e feitos do Santo, distribuídos ao longo dos dias do ano, a fim de que todos possam ter em cada dia uma máxima para meditar ou uma virtude a imitar. O método para usar essas frases e feitos é ler somente um deles cada dia, e aquele indicado para o dia corrente (pois ler mais não seria alimento espiritual, mas curiosidade) e, então, regular as ações daquele dia conforme a

máxima ou o exemplo. Estou certo de que fazendo assim, colherás frutos abundantes, especialmente se à máxima ou ao exemplo acrescentares alguma particular devoção ao Santo que é o autor delas. Penso ser inútil fazer qualquer elogio longo a esta prática; mas é bom que saibas que com a sugestão diária de tais verdades, o fruto obtido pelo Santo em Roma foi imenso; e assim também será em tua alma se a praticares com um verdadeiro espírito de devoção[32].

Que as frases de São Filipe Néri sirvam aos fiéis como verdadeiro alimento diário para a vida espiritual. Peçamos ao Pai Eterno que, como a Igreja reza na Missa da festa de São Filipe (26 de maio), "o Espírito Santo nos abrase no mesmo fogo com que penetrou o coração do bem-aventurado Filipe".

---

[32] FABER, 2011 [1847], p. 3, tradução minha.

FIGURA 11 – *A VIRGEM APARECE A SÃO FILIPE NÉRI*, M. BENEFIAL (1684 - 1764)[33]

[33] Disponível em: <http://tulacampos.blogspot.com/2012/05/sao-filipe-neri-e-alegria-dos-santos.html>. Acesso em: 06 out. 2018.

Janeiro

1. E quando é que decidiremos começar uma vida boa e virtuosa?

2. *Nulla dies sine linea:* não se deve passar dia algum sem fazer o bem.

3. Nós não devemos diferir a prática do bem, porque a morte não tarda a vir.

4. Feliz da juventude, que tem tempo à sua frente para fazer o bem.

5. Convém escolher uma boa devoção, cumpri-la e jamais abandoná-la.

6. Aquele que deseja algo que não seja Jesus Cristo, não sabe o que deseja; aquele que pede algo que não seja Jesus Cristo, não sabe o que pede; e aquele que faz algo que não seja para Jesus Cristo, não sabe o que faz.

7. Que ninguém use uma máscara, pois, caso contrário, fará mal; e se possui alguma, que a queime.

8. As pessoas piedosas devem estar sempre dispostas tanto a experimentar

doçura e consolação nas coisas de Deus como a sofrer e manter-se na aridez de espírito e de devoção, por tanto tempo quanto apraza a Deus e sem se queixar de coisa alguma.

9. Deus não necessita dos homens.

10. Não convém ter medo de coisa alguma, estando Deus conosco.

11. Quem quer ser muito obedecido deve mandar pouco.

12. O homem deve manter-se humilde e não se ocupar *in mirabilibus super se* [coisas superiores a si].

13. Os homens devem renovar frequentemente os bons propósitos sem desanimarem por serem tentados contra eles.

14. O nome de JESUS, pronunciado com reverência e amor, tem um poder particular para tranquilizar o coração.

15. A obediência é o caminho mais curto para chegar à perfeição.

16. Os que querem realmente avançar nos caminhos de Deus devem abandonar-se sempre e em tudo ao ditame de seus

São Filipe Néri: *devocionário*

superiores. Os que não vivem sob a lei da obediência devem submeter-se voluntariamente a um sábio e hábil confessor, obedecer-lhe como ao próprio Deus, manifestar-lhe o interior de suas almas com liberdade e simplicidade, e jamais tomar resolução grave sem ouvir o seu conselho.

17. Nada dá às nossas ações maior segurança, nem melhor destrói os laços do demônio, como o costume de, na prática do bem, seguir a vontade dos superiores, ao invés da nossa.

18. Antes de escolher um diretor espiritual, deve-se refletir bem e também rezar; mas, uma vez que se o tenha escolhido, não se deve deixá-lo, a não ser que haja motivos muito urgentes, e deve-se depositar toda confiança no diretor.

19. Quando o demônio não consegue fazer alguém cair em pecado, procura semear a desconfiança entre o penitente e o confessor e, assim, pouco a pouco, ele consegue atingir seu objetivo.

20. Os que vivem no mundo devem se santificar em suas próprias casas, pois nem

a corte, nem os negócios, profissões ou trabalhos braçais são obstáculos que impeçam servir a Deus.

21. A obediência é o verdadeiro holocausto que oferecemos a Deus sobre o altar de nossos corações.

22. Para ser verdadeiramente obediente não basta fazer o que nos é mandado; é necessário obedecer sem raciocinar sobre o que nos mandam.

23. A Santíssima Virgem deve ser nosso amor e nossa consolação.

24. As boas obras que fazemos por nossa própria vontade não são tão meritórias como as que fazemos por obediência.

25. A mais bela oração que nós podemos fazer é dizer a Deus: "Senhor, fazei comigo conforme seja vosso gosto e santa vontade".

26. Quando as tribulações, as enfermidades e a contradição sobrevierem, não fujamos assustados, mas vençamo-las como homens.

27. Não basta saber que Deus quer o bem que pretendemos praticar, mas é necessário saber também se Ele o quer por meio de mim, em que momento e qual a maneira de fazê-lo. A verdadeira obediência nos faz discernir tudo isso.

28. Para ser perfeito não apenas devemos obedecer e honrar os superiores; devemos também honrar nossos iguais e também os inferiores.

29. Ao tratar com nosso próximo, nós devemos usar toda benevolência, e, por essa afabilidade, atrai-lo ao caminho da virtude.

30. O homem que leva uma vida comum sob a obediência é mais digno de nossa estima do que aquele que faz grandes penitências por sua própria vontade.

31. É muito mais valioso mortificar uma paixão, não importa quão pequena seja, do que muitas abstinências, jejuns e disciplinas.

Fevereiro

1. Quem quer ser sábio sem a verdadeira Sabedoria, ou salvar-se sem o Salvador, não está são, mas doente – não é sábio, mas louco.

2. Devemos ser devotos da Bem-aventurada Virgem, porque não há melhor meio de se obter as graças de Deus do que por meio de Sua Santíssima Mãe.

3. Cada um deve se esforçar em ser obediente, mesmo nas pequenas coisas que aparecem a cada momento; porque, assim, a prática da obediência nas grandes coisas se tornará fácil.

4. Quem age sempre por obediência pode estar seguro de que não dará contas a Deus por suas ações.

5. A perfeição não consiste em lágrimas, soluços e coisas semelhantes, mas em virtudes sólidas e verdadeiras.

6. As lágrimas não provam que alguém está na graça de Deus, nem devemos deduzir que alguém que chora quando

fala das coisas santas e piedosas necessariamente leva uma vida santa.

7. A alegria fortalece o coração e nos faz perseverar na vida virtuosa; por isso, deve o servo de Deus procurar estar sempre alegre.

8. Quando uma pessoa fica livre de uma tentação ou de outra tribulação, deve cuidar de manifestar a Deus uma viva gratidão pelo benefício recebido.

9. Devemos aceitar as adversidades que Deus nos envia sem discorrer muito sobre elas, persuadindo-nos de que coisa alguma melhor poderia ter sucedido a nós.

10. Devemos sempre lembrar-nos que Deus tudo faz bem, embora possamos não entender os motivos daquilo que Ele faz.

11. Cada um deve render-se prontamente à opinião de outro [em coisas indiferentes que não sejam contra a Religião] e argumentar em favor de outro e contra si mesmo, e tudo aceitar com boa vontade.

12. Nada há que mais excite um espírito de oração do que a leitura de livros piedosos.

13. Deve-se frequentar os Sacramentos, ir aos sermões e ler com frequência as vidas dos Santos.

14. Pensa sempre que Deus está diante de ti.

15. Quando se está em uma ocasião de pecado, deve-se pensar bem o que se está fazendo, afastar-se da ocasião e rechaçar o pecado.

16. Nada bom há neste mundo: *Vanitas vanitatum, et omnia vanitas* [Tudo é vaidade das vaidades, e tudo vaidade].

17. Depois de tudo é necessário morrer.

18. Os iniciantes na religião devem se exercitar principalmente na meditação dos Novíssimos do homem [morte, juízo, inferno e paraíso].

19. Quem não desce ao inferno enquanto vive [com a meditação] corre grande risco de descer a ele depois de sua morte.

20. O maior socorro para perseverar na vida espiritual é o hábito da oração, especialmente sob a direção de nosso confessor.

21. Nada o demônio teme mais e mais tenta impedir do que a oração.

22. Um excelente método de nos preservarmos de recair em faltas graves é dizer toda noite: "Amanhã posso morrer".

23. Um homem que não reza é um animal sem o uso da razão.

24. O estado religioso é o mais sublime, mas não convém a todos.

25. O melhor meio de aprender a rezar é reconhecer que somos indignos desse grande benefício e abandonar-nos totalmente nas mãos de Deus.

26. A verdadeira preparação para a oração consiste no exercício da mortificação, porque quem deseja entregar-se à oração sem mortificação é como um pássaro que deseja voar sem ter asas.

27. Nunca podemos chegar à vida contemplativa se não começamos a exercitar-nos muito na vida ativa.

28. Devemos obedecer à inspiração que Deus nos dá na oração e segui-la; quando Deus, por exemplo, inclina-nos a meditar sobre a Paixão, meditemos sobre ela e não busquemos meditar em outro mistério.

29. Quando se vai comungar é necessário seguir o mesmo espírito que se teve na oração e não buscar outros pontos de meditação.

Março

1. Jamais se deve pedir a Deus um favor para alguém a não ser condicionalmente, acrescentando, por exemplo: "Se é do agrado de Deus".

2. Quando uma pessoa piedosa sente uma grande tranquilidade de espírito ao pedir alguma coisa a Deus, é um bom sinal indicativo de que Deus já lhe concedeu ou que lhe concederá brevemente o que foi pedido.

3. Jamais se deve pensar que se praticou muito o bem ou se satisfazer com

algum grau de perfeição que se possa ter atingido, porque Cristo nos deu como modelo de perfeição o Eterno Pai: *Estote vos perfecti sicut Pater Coelestis perfectus est* [Sede perfeitos, como vosso Pai celestial é perfeito].

4. A suavidade que se experimenta na oração é como um doce leite que o Senhor dá aos que começam a servi-Lo.

5. Deixar a oração porque nos chamam a exercer um ato de caridade para com o próximo não é propriamente deixar a oração, mas privar-nos de uma doçura espiritual para ganhar almas para Cristo.

6. É melhor retirar-se da oração com apetite e desejo de retornar do que saciado.

7. Aprende-se melhor a sabedoria da Sagrada Escritura com a oração do que com o estudo.

8. Servir aos enfermos com ardente caridade é um atalho para chegar à perfeição.

9. Que as mulheres fiquem em casa, cuidem bem de suas famílias e não desejem apresentar-se em público.

10. Devemos rezar sem cessar a Deus para que nos conceda o dom da perseverança.

11. Nós não devemos abandonar nossas orações por causa de distração e intranquilidade de espírito, embora nos pareça ser inútil continuá-las. Aquele que em todo o seu tempo de oração persevera em atrair docemente seu espírito ao ponto da meditação adquire grandes méritos.

12. Quando experimentarmos aridez em nossas orações, se fizermos atos de humildade, protestações de nossa incapacidade e petições pelo auxílio de Deus, faremos, então, uma verdadeira e boa oração.

13. O melhor remédio para a aridez de espírito é afigurarmo-nos como mendigos na presença de Deus e dos Santos e, como tais, dirigirmo-nos a um Santo e depois a outro para pedir-lhes esmolas espirituais com tanta instância

São Filipe Néri: devocionário

como faz um pobre na rua ao nos pedir uma esmola.

14. Podemos pedir esmolas espirituais mesmo corporalmente, indo da igreja de um Santo para a de outro Santo a fim de fazer nossos pedidos.

15. Sem oração não se pode perseverar muito tempo no caminho da virtude; devemos recorrer a esse poderoso meio de salvação todos os dias.

16. Se um jovem deseja proteger-se de todo perigo de impureza, jamais deve retirar-se a seu quarto imediatamente após o almoço, seja para ler, escrever ou alguma outra coisa; deve ele, pelo contrário, permanecer na conversação, porque nesse momento o demônio costuma assaltar-nos com mais veemência do que o usual, e esse é o demônio que é chamado na Sagrada Escritura de o demônio *meridiano* [do meio-dia], do qual o santo rei Davi rezou para ser livre.

17. Se um jovem quer preservar sua pureza, deve fugir de toda má companhia.

18. Devem evitar também nutrir delicadamente seus corpos.

19. Deus costuma enviar ao homem penas e consolos alternativamente, ao menos ao interior da alma.

20. Os jovens devem ter muito cuidado em evitar a ociosidade.

21. Quando os pais dão uma boa educação aos seus filhos, se estes continuam a seguir o caminho traçado por aqueles, terão a dita de ver perseverar sua família nos bons costumes e no santo temor de Deus.

22. Para conservar sua pureza os jovens devem frequentar os Sacramentos, sobretudo a Confissão.

23. Nunca devemos confiar em nós mesmos, pois esse é o meio de o demônio primeiramente nos inspirar uma falsa segurança e, em seguida, fazer-nos cair.

24. Devemos temer as tentações da carne e fugir delas, mesmo durante nossas enfermidades, em nossa velhice e enquanto pudermos abrir e fechar as pálpebras, pois o espírito da inconti-

São Filipe Néri: devocionário

nência ataca sem trégua em todo tempo, em todo lugar e a toda classe de pessoas.

25. Nosso doce Cristo, o Verbo Encarnado, deu-Se a Si mesmo a nós, até à morte ignominiosa na Cruz, para nos enriquecer com tudo o que nos é necessário.

26. Um dos meios mais eficazes de nos conservarmos castos é ter compaixão daqueles que caem pelas suas fraquezas e jamais nos vangloriarmos minimamente de sermos livres; devemos, pelo contrário, reconhecer humildemente que qualquer bem que tenhamos é graça de Deus.

27. Não se compadecer dos pecados alheios é um sinal evidente de que em breve pecaremos.

28. Em matéria de pureza, não há maior perigo do que não temer o perigo: quando um homem não desconfia de si mesmo e está sem medo, está tudo perdido para ele.

29. Para fazer-nos cair, geralmente o demônio faz uso do sexo frágil, a mulher.

30. Para bem começar e bem perseverar, é necessário ouvir Missa todos os dias, a menos que uma causa legítima o impeça.

31. Um meio excelente para se conservar puro é descobrir sinceramente todos os pensamentos, o mais breve possível, ao confessor e nada ocultar.

Abril

1. Para adquirir e conservar a virtude da castidade, necessitamos de um confessor caridoso e experimentado.

2. Aquele que deseja o primeiro lugar, tome o último.

3. Tão logo se sente a tentação, deve-se recorrer a Deus, dizendo devotamente aquela oração jaculatória muito estimada pelos padres do deserto: *Deus in adjutorium meum intende; Domine ad adjuvandum me festina* [Vinde, meu Deus, em meu auxílio: Senhor, dai-Vos pressa em me socorrer]; ou o verso: *cor mundum crea in me Deus* [cria em mim, ó Deus, um coração puro].

4. Quando um pensamento sensual vem à nossa mente, devemos imediatamente fixá-la sobre um objeto que a ocupe até que o mau pensamento se tenha desvanecido.

5. Nunca digas: que grandes coisas fazem os Santos; mas sim: que grandes coisas faz Deus em seus Santos.

6. Na guerra contra a carne somente os covardes triunfam, isto é, os que fogem.

7. Devemos nos preocupar menos por alguém que é tentado na carne e resiste, evitando as ocasiões, do que por alguém que não é tentado, mas não toma cuidado em evitar as ocasiões.

8. Quando uma pessoa se expõe a uma ocasião de pecado, dizendo "Eu não cairei, eu não vou cometê-lo", é um sinal quase infalível de que ela cairá e de que a queda será funesta para sua alma.

9. É algo muito útil dizer frequentemente e do fundo do coração: "Senhor, não tenhais confiança em mim, porque estou seguro de cair se não me socor-

rerdes" ou "Senhor, não espereis de mim senão o mal".

10. Na tentação não devemos dizer "farei" ou "direi", pois isso é uma espécie de presunção e autoconfiança; nós devemos, pelo contrário, dizer humildemente: "Eu sei o que devo fazer, mas não sei como o farei".

11. O mau odor da impureza diante de Deus e dos Anjos é tão grande que nenhum outro odor no mundo pode igualá-lo.

12. Não devemos fiar-nos em nós mesmos, mas tomar os conselhos de nosso diretor espiritual e nos encomendar às orações de todos.

13. Devemos fugir da mentira tal como da peste.

14. Quando vamos à Confissão, nós devemos acusar-nos primeiramente de nossos pecados piores e daquelas coisas que mais nos envergonham, pois por esses meios cobriremos de confusão ao demônio e colheremos grande fruto de nossa Confissão.

São Filipe Néri: *devocionário*

15. Um dos melhores meios para se obter a humildade é a Confissão sincera e frequente.

16. Para se livrar dos maus hábitos é de grande importância não descuidar de confessar-se após uma queda e sempre com o mesmo confessor.

17. Quando visitamos os moribundos não devemos falar-lhes muito, mas ajudá--los com orações.

18. O enfermo deve oferecer a Deus sua vontade; e ainda que seja para sofrer por muito tempo, ele deve se submeter à Divina Vontade.

19. Os enfermos não devem temer quando são tentados a perder a confiança, pois se pecaram, Jesus Cristo sofreu e morreu por eles.

20. Os enfermos acudam ao Lado de Jesus e Suas santas chagas, sem assustar-se, combatam generosamente e serão vitoriosos.

21. O verdadeiro meio de progredir nas virtudes é perseverar em uma santa alegria.

22. As pessoas alegres são mais fáceis de guiar na vida espiritual do que as pessoas melancólicas.

23. Os que querem entrar na vida religiosa devem primeiramente mortificar-se muito tempo e, particularmente, em sua vontade, fazendo o que mais lhes repugna.

24. Uma tristeza excessiva raramente surge de outra fonte que não seja o orgulho.

25. Caridade e alegria, caridade e humildade, devem ser nossa insígnia.

26. É muito necessário ser alegre, mas sem ser burlesco.

27. A alegria néscia torna uma pessoa incapaz de receber de Deus um aumento de grau na vida espiritual.

28. Ainda mais, a alegria néscia dissipa o pouco que já se havia adquirido.

29. Na mesa, especialmente quando há convidados, nós devemos comer todo tipo de comida, sem dizer "Eu gosto disso" e "Eu não gosto daquilo".

30. A língua humana não pode expressar a beleza de uma alma que morre em estado de graça.

Maio

1. Se te custa muito perdoar as injúrias, mira o crucifixo, e lembra-te que Jesus Cristo derramou todo seu sangue por ti, que perdoou a todos os seus inimigos e suplicou a seu Eterno Pai que os perdoasse.

2. Lembra-te que se não perdoas as injúrias e rezas o Pai-Nosso todos os dias, ao invés de conseguir o perdão de teus pecados, atrairás sobre eles um castigo do céu.

3. Geralmente os homens são os carpinteiros de suas próprias cruzes.

4. Concentremo-nos completamente no amor divino e entremos na viva fonte de sabedoria, por meio do lado aberto de nosso Deus Encarnado, de tal modo que reneguemos a nós mesmos e a nosso amor próprio e nos tornemos

incapazes de encontrar nossa via fora de Suas santas chagas.

5. Quando não obtemos o que pedem nossas orações não cessemos de orar e pedir.

6. O que não pode passar muito tempo em oração deve levantar seu espírito a Deus com jaculatórias.

7. Devemos frequentemente nos lembrar de que Cristo disse que não o que começa, mas o que persevera até o fim é que será salvo.

8. Aborreçamos tudo o que chame a atenção em nosso modo de falar, de vestir e em tudo.

9. Quando uma pessoa escrupulosa já refletiu uma vez que não consentiu na tentação, não deve mais voltar a pensar nisso, se consentiu ou não, porque à força desse tipo de reflexões voltarão as mesmas tentações.

10. Se aqueles que sofrem de escrúpulos desejam saber se consentiram ou não em uma sugestão, especialmente por pensamento, eles devem examinar se, durante a tentação, tiveram sempre um

São Filipe Néri: *devocionário*

vivo amor à virtude oposta ao vício acerca do qual foram tentados e se detestaram o próprio vício, e isso será na maioria das vezes uma boa prova de que eles não consentiram.

11. O escrupuloso deve remeter-se sempre e em tudo ao juízo do confessor e acostumar-se a desprezar seus próprios escrúpulos.

12. Os escrúpulos são uma enfermidade que podem dar trégua a um homem, mas raramente a paz; somente a humildade pode triunfar sobre os escrúpulos.

13. Mesmo nas enfermidades os remédios espirituais são os melhores.

14. Todo amor que damos às criaturas roubamo-lo do Criador.

15. Os penitentes jamais devem forçar seu confessor a dar-lhes permissão de fazer alguma coisa que ele não queira que façam.

16. Aquele que se deixa dominar, ainda que um pouco, pela avareza, nunca fará progressos na virtude.

17. A avareza é a peste da alma.

18. A experiência mostra que as pessoas dadas aos pecados carnais se convertem mais prontamente a Deus do que aquelas dadas à avareza.

19. Aquele que deseja possuir grandes riquezas nunca terá grande devoção.

20. Todos os pecados desagradam a Deus, mas especialmente a luxúria e a avareza, que são muito difíceis de curar.

21. Devemos pedir sempre a Deus não somente que nos livre da avareza, mas que nos conceda a graça de viver desprendidos de todas as afeições deste mundo.

22. Se nada encontramos no mundo que nos contente, devemos estar pelo menos contentes de não encontrar algo que possa contentar-nos.

23. Quem quer alcançar a perfeição não deve apegar-se a coisa alguma.

24. Coisa boa é renunciar ao mundo e a nossos bens para servir a Deus, mas isso não é ainda o bastante.

25. A grandeza de nosso amor a Deus deve ser provada pelo nosso desejo de sofrer por seu amor.

26. Esforcemo-nos para adquirir a pureza de coração, porque o Espírito Santo habita nos corações simples e cândidos.

27. O Espírito Santo é o mestre da oração e nos faz permanecer em uma contínua paz e alegria, o que é um antegozo do Paraíso.

28. Se quisermos que o Espírito Santo nos ensine a rezar, devemos praticar a humildade e a obediência.

29. O fruto que devemos alcançar por meio da oração é fazer o que é agradável a Deus.

30. A vida virtuosa consiste na mortificação dos vícios, dos pecados, dos maus pensamentos, dos afetos culpáveis e em um contínuo exercício para adquirir as virtudes.

31. Sejamos humildes e repitamos: obediência, humildade, desprendimento!

Junho

1. O amor da Santíssima Virgem a Deus era tão grande que ela sofreu profundamente pelo seu desejo de união com Ele. O Pai Eterno, então, consolou-a, enviando a ela seu único e bem-amado Filho.

2. Se quiserdes ir para onde vou, isto é, à glória, deveis passar por onde eu passo, isto é, pelos espinhos.

3. Antes da Comunhão é necessário exercitarmo-nos em muitos atos de virtude.

4. A oração e a Comunhão não são feitas ou desejadas por causa da devoção que sentimos nelas, pois isso é buscar a si mesmo e não a Deus; mas devemos ser frequentes em ambas para nos tornarmos humildes, obedientes, mansos e pacientes.

5. Quando vemos em uma alma essas virtudes [humildade, obediência, mansidão e paciência], podemos saber que ela realmente colhe fruto da oração e da Comunhão.

6. Nosso bom Jesus, por um excesso de seu amor, ficou conosco no Santíssimo Sacramento.

7. Vamos todos à Mesa Eucarística com um veemente desejo de receber este sagrado alimento. *Sitientes! Sitientes!* [Tenhamos sede! Tenhamos sede!].

8. Desgostarmos porque nos tirem a Comunhão é sinal de dureza, orgulho e falta de mortificação.

9. Os que vão comungar devem se preparar para mais tentações que o usual, porque o Senhor não nos deixará ociosos.

10. É bom fazer, durante a semana que segue à Comunhão, algo a mais do que o costume; por exemplo, recitar um Rosário a mais, ou cinco Pai-nossos e Ave-Marias com os braços em cruz.

11. Não é bom sobrecarregar-se com muitas devoções; vale mais ter poucas e perseverar nelas, porque se o demônio nos persuade a deixar a primeira, ele facilmente nos fará omitir a segunda, a terceira, até que todas as nossas práticas piedosas se desfaçam.

12. Devemos ter cuidado com as pequenas faltas, pois aquele que começa a regredir e fazer pouco caso de seus defeitos provoca um tipo de endurecimento da consciência e, então, tudo está arruinado.

13. O servo de Deus deve adquirir ciência, mas nunca para mostrá-la ou ostentá-la.

14. Devemos ir à Confissão sempre com sinceridade e ter isso como nossa regra: nunca, por respeito humano, esconder algo do nosso confessor, por mais insignificante que pareça.

15. O que cala uma falta grave na Confissão está completamente nas mãos do demônio.

16. Os penitentes não devem mudar de confessor, nem os confessores devem receber penitentes de outros, a não ser em casos excepcionais.

17. Quando uma pessoa que viveu uma vida espiritual por um longo tempo cai em falta grave, não há melhor meio para que se levante novamente do que exortá-la a manifestar sua falta a algum

São Filipe Néri: devocionário

amigo piedoso, com quem tenha particular confidência. Deus recompensará sua humildade, voltando-a a seu primeiro estado.

18. É absolutamente necessário que os jovens que querem perseverar na virtude fujam dos maus amigos e não se familiarizem senão com os amigos bons.

19. Há três graus na vida espiritual: o primeiro pode ser chamado de vida *animal* e é a vida daqueles que correm em busca da devoção sensível, que Deus geralmente concede aos principiantes, para fazê-los, por meio dessa consolação, progredir na vida espiritual, semelhantemente a um animal conduzido por um objeto sensível.

20. O segundo grau pode ser chamado de vida *humana* e é a vida dos que, sem experimentar consolações sensíveis, mas sustentados pela virtude, combatem suas próprias paixões.

21. O terceiro grau pode ser chamado de vida *angélica* e é a vida daqueles que, depois de terem se exercitado por muito tempo em vencer suas paixões, recebem

de Deus uma vida pacífica, tranquila e quase angélica, ainda neste mundo, sem experimentar qualquer turbação ou repugnância em coisa alguma.

22. Desses três degraus, bom é chegar e perseverar no segundo, porque o Senhor nos concederá o terceiro quando lhe aprouver.

23. Não devemos nos fiar prontamente dos jovens que têm grande devoção; devemos aguardar até que suas asas cresçam e, assim, vermos de que voo são capazes.

24. A mortificação exterior é muito boa para adquirir a mortificação interior e as demais virtudes.

25. Aquele que não consegue resignar-se com a perda de sua honra, nunca fará progressos nas coisas espirituais.

26. É geralmente melhor dar ao corpo um pouco mais que um pouco menos de alimento, porque a demasia se corrige mais facilmente, mas a saúde perdida pela falta de nutrição não é fácil de ser reestabelecida.

27. O demônio tem o costume astuto de às vezes incitar pessoas piedosas a penitências e mortificações, para que, andando imprudentemente por tal caminho, elas se debilitem ao ponto de se tornarem incapazes de boas obras de maior importância; ou ao ponto de se acovardarem tanto, pela debilidade que atraíram sobre si, que abandonam suas devoções habituais e, finalmente, dão as costas ao serviço de Deus.

28. Aqueles que dão uma atenção moderada à mortificação de seus corpos e dirigem sua intenção principal à mortificação da vontade e do entendimento, mesmo nas pequenas coisas, devem ser mais estimados do que aqueles que se ocupam exclusivamente em penitências corporais e macerações.

29. Devemos desejar fazer grandes coisas no serviço de Deus e não nos contentar com uma virtude comum, desejando, pelo contrário, sobrepujar em santidade e amor, se fosse possível, a São Pedro e a São Paulo.

30. Ainda que sejas incapaz de chegar a mais alta santidade, deves desejar isso, para que pelo menos no desejo faças o que, na verdade, não realizas com obras.

Julho

1. Façamos pouco caso de nossos jejuns e abstinências quando impomo-los a nós por nosso próprio gosto.

2. A Virgem Santíssima é a dispensadora de todos os favores que a bondade de Deus concede aos filhos de Adão.

3. Quando necessitamos de um bom conselho é necessário, às vezes, ouvir o que pensam nossos inferiores e recomendar-nos às suas orações.

4. Nunca pronuncies uma só palavra em teu próprio louvor, ainda que seja verdadeira, nem mesmo por brincadeira.

5. Se fizermos uma boa obra e outra pessoa receber o crédito por ela, devemos nos alegrar e reconhecer isso como um dom de Deus. Não devemos lamentar, pois se outros diminuem nossa glória diante

dos homens, havemos de recobrá-la com muito mais honra diante de Deus.

6. Peçamos a Deus que, quando nos conceder uma graça ou uma virtude, pratiquemo-la sem que nós mesmos o saibamos, para que, assim, não percamos a humildade.

7. A ninguém devemos manifestar as inspirações e favores que Deus nos envia. *Secretum meum mihi! Secretum meum mihi!* [O meu segredo é para mim!].

8. Para evitar o risco de vanglória devemos fazer algumas de nossas devoções particulares em nossos próprios quartos e nunca procurar por doçuras e consolações sensíveis em lugares públicos.

9. O verdadeiro remédio para nos curar do orgulho é reprimir e contrariar a suscetibilidade de nosso espírito.

10. Quando és repreendido por algo, não deves tomar isso tão a sério, pois cometerás maior falta por tua tristeza e mau humor do que pela própria falta pela qual foste repreendido.

11. Aqueles que, tendo alguma pequena devoção, pensam já serem grande coisa, são somente dignos de riso.

12. A humildade é a verdadeira guardiã da castidade.

13. Quando caíres, digas: "Se tivesse sido humilde, não teria caído".

14. Devemos nos alegrar ao ouvir que outros estão avançando no serviço de Deus, especialmente se são nossos parentes ou amigos; e devemos nos regozijar se compartilham conosco algum bem espiritual em comum.

15. Para melhor ganhar as almas ao visitar os enfermos devemos imaginar que estamos fazendo para o próprio Cristo aquilo que fazemos para um doente; nós, então, realizaremos tal obra de misericórdia com mais amor e maior proveito espiritual.

16. Aquele cuja saúde não lhe permite jejuar em honra de Cristo e de Nossa Senhora fará algo mais agradável a eles dando mais esmolas do que o habitual.

17. Nada é mais perigoso para o principiante na vida espiritual do que querer se tornar mestre e guiar os outros convertidos.

18. Que os principiantes se lembrem de sua própria conversão e sejam humildes, para que não fantasiem que fizeram grandes coisas e, assim, caiam no orgulho.

19. Se queremos ajudar ao próximo, não devemos reservar tempo, lugar ou estação para nós mesmos.

20. Evitemos todo tipo de singularidade, pois isso é, geralmente, celeiro do orgulho, especialmente do orgulho espiritual.

21. Não deves deixar de fazer uma boa obra simplesmente para fugir de uma tentação de vanglória.

22. O amor de Deus nos faz realizar grandes coisas.

23. Podemos distinguir três tipos de vanglória: a primeira podemos chamar de *senhora*, isto é, quando a vanglória precede as nossas ações e forma o único

objeto delas; a segunda nós podemos chamar de *companheira*, isto é, quando a vanglória não é o fim de nossas ações, mas nos faz experimentar complacência; a terceira nós podemos chamar de *serva*, isto é, quando a vanglória nos tenta, mas rechaçamo-la imediatamente. Jamais permitas que a vanglória seja senhora.

24. Quando a vanglória é a *companheira* de nossas ações, não quita nossos méritos; mas a perfeição requer que ela seja sempre a *serva*.

25. Aquele que trabalha unicamente por amor de Deus não deseja senão a Sua glória, estando, pois, sempre pronto para agir ou não agir, e isso não somente em matérias indiferentes, mas também nas boas obras; e está sempre resignado à vontade de Deus.

26. O Senhor nos concede em um instante o que não poderíamos ter obtido em muitos anos.

27. Para obter perfeitamente o dom da humildade, quatro coisas são necessárias: desprezar o mundo, a ninguém

São Filipe Néri: devocionário

desprezar, desprezar-se a si mesmo e não se importar de ser desprezado.

28. A perfeição consiste em sujeitar a nossa própria vontade e reinar sobre ela.

29. Mortifiques teu próprio juízo nas coisas pequenas, se queres mortificar-te nas grandes e avançar no caminho da virtude.

30. Nada de bom se faz sem a mortificação.

31. Devemos esperar e amar a glória de Deus por meio de uma vida santa.

Agosto

1. São Pedro e os demais Apóstolos, vendo o Filho de Deus nascido na pobreza, vivendo absolutamente sem nada, sem onde repousar Sua Cabeça, e contemplando-O morto e despido na Cruz, despojaram-se de tudo e seguiram a via dos conselhos evangélicos.

2. Nada une tão estreitamente a alma a Deus ou inspira mais rapidamente o

desprezo do mundo do que as penas e aflições.

3. Nesta vida não há purgatório, só inferno ou paraíso, pois para aquele que verdadeiramente serve a Deus, todas as penas e enfermidades transformam-se em consolações e, por meio de todo tipo de tribulação, já possui um paraíso neste mundo. Para aquele que não serve verdadeiramente a Deus e se abandona à sensualidade, há inferno neste mundo e no outro.

4. Para obter algum proveito da leitura da vida dos Santos e de outros livros piedosos, não devemos lê-los por curiosidade ou superficialmente, mas pausadamente; e quando nos sentirmos afervorados, não passemos adiante, mas nos detenhamos e sigamos o espírito que nos impele; e quando não mais sentirmos o afeto, então, prossigamos com a leitura.

5. Para bem começar e bem concluir é indispensável a devoção à Virgem Santíssima Mãe de Deus.

São Filipe Néri: *devocionário*

6. Não temos tempo de dormir aqui, pois o Paraíso não é para pusilânimes.

7. Devemos confiar em Deus, que é hoje o que sempre foi, e não nos desencorajemos se os acontecimentos são contrários aos nossos desejos.

8. Não mudes de estado de vida, ainda que seja para outro melhor, sem tomar graves conselhos.

9. Que cada um fique em sua casa, isto é, dentro de si mesmo, e julgue suas próprias ações, sem expandir-se a investigar e criticar as ações alheias.

10. Os verdadeiros servos de Deus suportam a vida e desejam a morte.

11. Não há coisa mais excelente sobre a terra do que fazer da necessidade uma virtude.

12. Conservar bom humor em meio das penas e enfermidades é sinal de alma reta e boa.

13. Não peças a Deus tribulações, presumindo que poderás sofrê-las; deves ter máxima prudência nessa matéria

e já não é pouco sofrer o que Deus nos envia cada dia.

14. Aquele que já há tempo se exercita no serviço de Deus pode imaginar em suas orações todo tipo de insulto dirigido a ele, como golpes, feridas e coisas semelhantes, e, assim, procurando imitar Cristo em sua caridade, pode acostumar seu coração antecipadamente a perdoar as reais injúrias quando lhe sobrevierem.

15. Pensemos em Maria, pois ela é a Virgem singular, aquela gloriosa Senhora que concebeu e deu à luz, sem detrimento de sua virgindade, Àquele a quem a largura dos céus não pode conter.

16. O verdadeiro servo de Deus não conhece outra pátria que não seja o Céu.

17. Quando Deus derrama extraordinárias doçuras em nossa alma, devemos nos preparar para alguma tribulação ou tentação perigosa.

18. Quando recebemos essas doçuras extraordinárias, devemos pedir a Deus fortaleza para suportar qualquer coisa

São Filipe Néri: *devocionário*

que a Ele agrade nos enviar e, então,
fiquemos vigilantes, porque está próximo algum perigo oculto de pecado.

19. Um dos melhores meios para se obter a
perseverança é a discrição; não devemos
querer fazer tudo a um só tempo e nem
querer ser um santo em quatro dias.

20. Em nossas roupas nós devemos, como
São Bernardo, amar a pobreza, mas não
a imundície.

21. Aquele que deseja avançar na vida espiritual não deve jamais, por negligência,
descuidar seus defeitos, deixando de
fazer particular exame de consciência, mesmo fora do tempo da confissão
sacramental.

22. Não nos apeguemos aos meios, de tal
modo que nos esqueçamos do fim; nem
nos entreguemos demasiadamente à
mortificação da carne, de tal modo que
nos esqueçamos de mortificar a inteligência, que é o que mais importa.

23. Devemos desejar as virtudes dos Prelados, Cardeais e Papas, mas não as suas
dignidades.

24. A membrana do amor-próprio envolve fortemente nossos corações; é doloroso arrancá-la e quanto mais se chega à carne viva, tanto mais doloroso e difícil.

25. Esse primeiro passo [no caminho da perfeição], que nós já deveríamos ter dado, temo-lo sempre em nossa mente, mas nunca o realizamos.

26. Deve-se procurar colocar em prática os bons propósitos e não mudá-los facilmente.

27. Não devemos deixar nossas devoções ordinárias – tal como ir à confissão em dias fixos e particularmente ouvir Missa em dias de semana – por qualquer pretexto insignificante que apareça; se queremos sair para caminhar ou qualquer outra coisa desse tipo, vamos primeiro fazer nossa confissão e executar nossas devoções usuais.

28. É muito útil para aqueles que ministram a palavra de Deus, ou entregam-se à oração, lerem livros de autores cujos nomes começam com *S*, tais como *Santo* Agostinho, *São* Bernardo etc.

São Filipe Néri: devocionário

29. Nada mais glorioso pode suceder a um cristão do que sofrer por Jesus Cristo.

30. Não há prova mais clara e segura do amor de Deus do que a adversidade.

31. Quando Deus quer conceder a uma alma o dom de uma virtude particular, é Seu caminho permitir que ela seja tentada pelo vício oposto a essa virtude.

Setembro

1. As pessoas que vivem no mundo devem perseverar na frequência à igreja para ouvir sermões e lembrar-se de ler livros piedosos, especialmente as vidas dos Santos.

2. Quando fores tentado, deves lembrar-te da doçura que, em outros tempos, experimentaste na oração e, então, vencerás facilmente a tentação.

3. O fervor da vida espiritual é geralmente muito grande no início, mas depois o Senhor *fingit se longius ire* [aparenta depois afastar-se]: em tal caso nós devemos permanecer firmes e não nos

perturbar, porque Deus está então retirando Sua santíssima Mão de doçura para ver se somos fortes. Se resistirmos e vencermos essas tribulações e tentações, as doçuras e consolações celestes retornarão.

4. Devemos nos aplicar à aquisição das virtudes, porque ao final tudo conclui com uma doçura maior que antes, e o Senhor devolve-nos todos nossos favores e consolações em dobro.

5. Fácil é afervorar aos demais, mesmo em pouco tempo; mas difícil é fazê-los perseverar.

6. Quem vive continuamente em cólera, despeito e espírito amargo, começa a ter um gosto antecipado do inferno.

7. Para obter a proteção da Santíssima Virgem em nossas necessidades mais urgentes é muito útil dizer 63 vezes, ao modo de uma coroa: "Virgem Maria, Mãe de Deus, rogai a Jesus por mim".

8. Quando nós dirigimos essa oração à Santíssima Virgem, nós lhe oferecemos todo o louvor possível no menor

São Filipe Néri: *devocionário*

espaço de tempo: nós a chamamos por seu nome de MARIA, damos-lhe aqueles dois grandes títulos de *Virgem* e de *Mãe de Deus* e mencionamos JESUS, o fruto de seu seio puríssimo.

9. As coisas deste mundo não ficam permanentemente conosco e se não as deixarmos hoje, pelo menos na morte nós todos infalivelmente partiremos com as mãos vazias, tal como viemos.

10. Para rezar bem é necessário que o homem se dedique inteiramente à oração.

11. A disciplina e outras mortificações exteriores não devem ser praticadas sem se tomar o parecer de nosso confessor; aquele que faz tais coisas por sua própria conta irá prejudicar sua saúde ou se tornará orgulhoso, iludindo-se de que faz grande coisa.

12. Deus se compraz de modo especial na humildade de quem acredita não ter começado a fazer bem algum.

13. Antes de ir confessar ou tomar conselho com nosso diretor espiritual, será

muito útil pedir a Deus uma sincera boa vontade de sermos realmente santos.

14. Aquele que foge de uma cruz encontrará outra maior em seu caminho.

15. Uma vez que Cristo morreu pelos pecadores, devemos estar persuadidos de que nos salvaremos se nos arrependermos de nossos pecados e fizermos o bem.

16. Nunca se deve deixar um doente pôr-se a argumentar com o diabo, pois será, assim, inevitavelmente enganado por ele. Deve-se deixar o doente apelar a seu confessor, de quem o diabo tem um medo mortal.

17. Aquele que serve a Deus deve fazer o melhor que pode, mas não deve querer receber a recompensa de seu serviço neste mundo.

18. Ao dar esmolas aos pobres nós devemos agir como bons ministros da Providência divina.

19. Aquele que se vê dominado pelo vício da avareza não deve desejar observar jejuns em excesso, mas sim dar esmolas.

São Filipe Néri: *devocionário*

20. A perfeição não pode ser alcançada sem muitos esforços e fadigas.

21. Assim que retirarmos a veste sórdida da avareza, vistamo-nos com a veste real e imperial da virtude oposta, a liberalidade.

22. Mesmo no meio do mundo nós podemos caminhar para a perfeição.

23. Nem sempre o que é melhor em si é o melhor para cada homem em particular.

24. Sê devoto de Nossa Senhora, afasta-te do pecado e Deus te livrará dos teus males.

25. Se quisermos estar em paz com nosso próximo, não devemos nos lembrar de seus defeitos naturais.

26. Devemos, às vezes, suportar pequenos defeitos do próximo, assim como nós, mesmo contra nossa vontade, suportamos nossos próprios defeitos naturais.

27. Homens de posição devem se vestir como seus iguais e ser acompanhados por servos, como seu estado requer, mas a modéstia deve acompanhar tudo isso.

28. Não devemos prontamente julgar e corrigir o próximo, mas devemos primeiramente pensar em nós mesmos.

29. Pensemos quão doce e consolador será dizermos eternamente no Céu, se para lá formos, com os Anjos e com os Santos: *Sanctus, Sanctus, Sanctus.*

30. O melhor meio de se preparar para a morte é viver cada dia como se fosse o último.

Outubro

1. Para se passar de um estado mau para um bom não se precisa de conselhos; mas para se passar de um estado bom para outro melhor, precisa-se de tempo, conselhos e orações, antes de se tomar uma decisão.

2. Devemos sempre pedir a Deus pela conversão dos pecadores e pensar na alegria que há no Céu, tanto para Deus como para os Anjos, pela conversão de cada pecador em particular.

3. Falar de nós mesmos sem motivo – "Eu disse", "Eu fiz" – torna-nos incapazes de receber consolações espirituais.

4. Devemos desejar encontrar-nos na condição de precisar de um valor insignificante e não poder conseguir nem isso.

5. Desprezemos o ouro, a prata, as joias e tudo aquilo que o cego e corrompido mundo, na sua vaidade e ignorância, almeja.

6. Aprendamos aqui embaixo a dar a Deus os louvores que esperamos dar-lhe algum dia no Céu.

7. Quem quer ir para o Céu deve ser honrado e bom cristão, e não crer em sonhos.

8. Os pais e mães de família devem educar seus filhos na virtude, considerá-los como a filhos de Deus mais do que seus mesmos; e considerar a vida e a saúde, e todos os demais bens que possuem, como coisas que Deus lhes deu emprestado.

9. Ao rezar o Pai-nosso devemos meditar sobre esta verdade: que Deus é nosso Pai

no Céu; e depois continuar meditando sobre cada uma das demais palavras.

10. Para nos desapegarmos das coisas do mundo é muito bom refletir sobre o fim delas e dizer a nós mesmos: *e depois? E depois?*

11. Para se derrotar o demônio, que é muito orgulhoso, o melhor meio é a humildade de coração e a simples, clara e sincera manifestação de nossos pecados e tentações ao nosso confessor.

12. Não devemos ordinariamente crer em profecias ou desejá-las, pois é possível que existam nelas enganos e ciladas do diabo.

13. É coisa muito útil que, quando nós vemos outra pessoa fazendo algum bem espiritual a seu próximo, tomemos parte, por meio da oração, nesse bem que o Senhor opera pela mão dos outros.

14. Na Comunhão devemos pedir a cura daquele vício ao qual mais estamos sujeitos.

São Filipe Néri: devocionário

15. Àquele que ama verdadeiramente a Deus nada é mais penoso do que perder uma ocasião de sofrer por Ele.

16. A ninguém devemos odiar, porque onde não há amor ao próximo também não está Deus.

17. Devemos aceitar nossa morte e a de nossos parentes quando Deus no-la enviar e não desejar que ela suceda em outro momento. Muitas vezes é necessário que ela ocorra naquele momento particular, para o bem de nossa alma e a de nossos parentes.

18. A perfeição do cristão consiste em saber mortificar-se por Jesus Cristo.

19. Quem deseja êxtases e visões não sabe o que deseja.

20. Quanto àqueles que correm atrás de visões, sonhos e coisas semelhantes, nós devemos pegá-los pelos pés e trazê-los para a Terra à força, para que não caiam nas ciladas do demônio.

21. Segundo as regras dos padres do deserto e dos antigos religiosos, quem quer

avançar na perfeição deve despre-zar o mundo.

22. Nada há de mais desagradável a Deus do que uma alma orgulhosa de si mesma.

23. Quando souberes domar tua própria vontade e negar à tua alma o que ela deseja, então terás feito grande progresso na virtude.

24. Quando caíres em alguma enfermidade, deves resignar-te, pensar e dizer: "Deus me envia esta enfermidade, porque Ele quer algo de mim; eu devo, então, decidir-me a mudar de vida e me tornar melhor".

25. Quando um homem recebe uma tribulação enviada por Deus e fica impaciente, nós podemos dizer a ele: você não é digno de que Deus o visite, você não merece um bem tão grande.

26. Pobreza e tribulações nos são dadas por Deus tanto como provas para nossa fidelidade e virtude como para nos enriquecer com os verdadeiros e duradouros tesouros no Céu.

São Filipe Néri: *devocionário*

27. Os escrúpulos devem ser cuidadosamente rechaçados, pois inquietam a mente e tornam o homem melancólico.

28. Lancemo-nos nos braços de Deus e fiquemos seguros de que se Ele quer algo de nós, também nos dará forças para fazer tudo o que Ele deseja que façamos.

29. Nada ajuda tanto o homem como a oração.

30. A ociosidade é uma calamidade para o cristão. Devemos sempre estar fazendo algo, especialmente quando estamos sozinhos em nossos aposentos, para que não venha o demônio e nos encontre ociosos.

31. Cultivemos sempre o temor e nunca depositemos confiança em nós mesmos, pois o demônio nos assalta repentinamente e obscurece nosso entendimento; e aquele que não vive no temor é vencido em um instante, porque não recebe o socorro de Deus.

Novembro

1. Nosso grande negócio é sermos santos.

2. Para entrar no Paraíso devemos estar bem justificados e purificados.

3. Que os jovens domem sua carne, que os velhos domem sua avareza e todos seremos santos.

4. Onde não há grande mortificação não há grande santidade.

5. A santidade de um homem cabe na largura de três dedos (sua testa), pois consiste em mortificar o entendimento sempre disposto a encontrar motivos nas coisas.

6. Quem quer realmente ser santo jamais deve se defender, exceto em algumas raras ocasiões, mas, sim, reconhecer-se sempre em falta, ainda que se seja acusado falsamente.

7. Das virtudes dos santos não conhecemos senão a menor parte delas.

8. As relíquias dos Santos devem ser veneradas e é louvável guardá-las em nossos aposentos; mas não é bom, exceto por uma razão grave, vesti-las em nós, porque frequentemente ocorrerá que elas não sejam tratadas com o devido respeito.

9. Os antigos Patriarcas possuíam riquezas, tinham esposas e filhos, mas eles não se apegavam em seu coração a tais coisas, embora as possuíssem, pois só se permitiam o uso delas e estavam prontos a abandoná-las caso a Majestade divina o exigisse.

10. Devemos pedir sempre a Deus que aumente em nós o claro conhecimento e o ardente amor de Sua bondade.

11. É um antigo costume entre os servos de Deus sempre ter prontas algumas pequenas orações e lançá-las ao Céu frequentemente durante o dia, levantando suas mentes a Deus e tirando-as da corrupção deste mundo. Quem adota essa prática irá colher grandes frutos com pequeno esforço.

12. As tribulações, se suportadas com paciência por amor a Deus, parecem amargas inicialmente, mas logo se tornam doces quando se acostuma com o gosto delas.

13. Quem ama verdadeiramente a Deus sobre todas as coisas, às vezes derrama torrentes de lágrimas na oração e recebe uma abundância de favores e consolações espirituais com tal veemência, que é forçado a gritar: "Senhor, basta!".

14. Não deves procurar tais doçuras e fervores sensíveis forçosamente, pois poderás ser facilmente enganado pelo demônio e correrás o risco de ter tua saúde prejudicada.

15. Quando uma alma se resigna nas mãos de Deus e contenta-se com o cumprimento da vontade divina, ela está em boas mãos e tem a maior segurança de que atrairá o bem.

16. Ser inteiramente conformado com a vontade divina é um caminho que não pode nos extraviar e é o único que nos leva a gozar daquela paz deliciosa

que os homens mundanos e carnais não conhecem.

17. A resignação é tudo para um doente; ele deve dizer a Deus: "Senhor, se quiserdes, aqui estou, embora eu nunca tenha feito nada de bom: fazei comigo o que quiserdes".

18. Nunca faças ruído algum dentro da igreja, exceto por uma grande necessidade.

19. A paciência é necessária ao servo de Deus e nunca devemos nos angustiar nas adversidades, mas esperar pelo consolo.

20. Quando as pessoas que vivem no mundo escolherem viver no seu estado secular, que perseverem nele, em suas devoções e obras de caridade. Na hora da morte experimentarão uma grande alegria.

21. A vocação à vida religiosa é um dos maiores benefícios que a Mãe de Deus obtém de seu Filho para seus verdadeiros devotos.

22. Nada há de mais perigoso na vida espiritual do que querermos dirigir-nos a

nós mesmos conforme nosso próprio modo de pensar.

23. Entre as coisas que devemos pedir a Deus está a perseverança em fazer o bem e servir a Ele; porque, se tivermos paciência e perseverarmos na via virtuosa que começamos a trilhar, progrediremos e adquiriremos um eminente grau de vida espiritual.

24. É perfeito na escola de Jesus Cristo aquele que não se importa em ser desprezado, alegra-se em desprezar-se e considera-se a si mesmo como um nada.

25. O modo como Deus trata as almas que o amam, permitindo que sejam tentadas e sofram tribulações, é uma verdadeira união esponsal entre Ele e elas.

26. Nas tentações da carne o cristão deve imediatamente recorrer a Deus, fazer o sinal da cruz sobre o coração três vezes e dizer: "Cristo, Filho de Deus, tende piedade de mim".

27. Há tentações que são vencidas fugindo delas; outras, resistindo-lhes; e outras, desprezando-as.

São Filipe Néri: *devocionário*

28. Para se adquirir a prudência e fazer bom julgamento das coisas é necessário que tenhamos vivido e praticado muito.

29. Há grande perfeição em um coração quando ele é discreto e não ultrapassa os limites da conveniência e do que é decoroso.

30. Devemos procurar a Cristo onde Cristo não está agora, isto é, nas cruzes e tribulações, mas por este caminho O encontraremos na glória.

Dezembro

1. A Confissão frequente é causa de um grande bem para a alma, porque a purifica, cura-a e confirma-a no serviço de Deus. Não devemos, portanto, omitir, em razão de algum negócio qualquer, a Confissão nos dias fixados; vamos primeiro à Confissão e depois à nossa outra atividade e a primeira ajudará a segunda.

2. Quando vamos à Confissão devemos estar persuadidos de encontrar Jesus Cristo na pessoa de nosso confessor.

3. Dai-me dez homens realmente desprendidos do mundo e acredito que, com eles, eu poderia converter o mundo.

4. Quem comunga frequentemente, e como é devido, colhe bons frutos: o fruto da humildade, o fruto da paciência e o fruto de todas as virtudes.

5. Que nenhum penitente vá à Confissão para obter socorros temporais, tais como esmolas e outras coisas semelhantes.

6. Não devemos ter em conta alguma uma pessoa impudica, ainda que tenha outras virtudes.

7. O Espírito Santo diz acerca dos Prelados e Pastores: "Aquele que escuta e obedece seus superiores, ouve e obedece a Mim, e aquele que os despreza, despreza e desobedece a Mim".

8. O servo de Deus que deseja marchar com segurança por entre as ciladas do

mundo deve ter a Virgem Santíssima por sua mediadora diante de seu Filho.

9. O doente pode desejar sua cura, desde que ele inclua sempre na sua oração: "Se é da vontade de Deus" e "Se é bom para minha alma", pois estando com saúde pode realizar muitas ações boas que a doença o impede.

10. Na doença devemos pedir a Deus que nos dê paciência, porque frequentemente ocorre que, quando um homem recupera a saúde, não só não faz o bem que se propôs a fazer quando estava enfermo, mas ainda multiplica seus pecados e sua ingratidão.

11. A toupeira é um rato cego, que permanece sempre no chão; ela come terra até esvaziá-la, mas nunca está satisfeita. Assim são os avarentos.

12. Os penitentes jamais devem fazer votos sem o conselho de seu diretor espiritual.

13. Se nós fazemos muitos votos, é melhor fazê-los condicionalmente, por exemplo: "Eu faço voto de encomendar duas Missas no dia de Santa Luzia com tal

oferta, se eu puder, se eu não me esque-cer", porque se eu não me lembrar disso não quero estar obrigado.

14. Quando se tem que comprar alguma coisa, não se deve fazê-lo movido por um apego ao objeto, mas por privação ou necessidade, pois assim nunca se comprará apegos.

15. Certos pequenos apegos do nosso amor--próprio devem ser cortados e, então, devemos cavar em volta deles, remover a terra, até que cheguemos a uma pro-fundidade suficiente para encontrar o lugar onde eles estão enraizados e entrelaçados entre si.

16. Devemos estar prontos para suportar uma ocasião em que, por um motivo virtuoso, somos mortificados pelos outros. E também quando Deus per-mite que sejamos tidos em má estima pelos demais, considerados e rejeitados como uma ovelha infectada.

17. Nosso inimigo, o demônio, que luta contra nós para vencer-nos, procura semear a desunião em nossas casas e provocar disputas, antipatias, discus-

sões e rivalidades, porque enquanto lutamos uns contra os outros, ele vem, vence-nos e domina-nos mais firmemente.

18. Quem não pensa nos bens que recebe de Deus nesta vida e naqueles maiores que sua misericórdia preparou na bem--aventurança eterna, não nutre o amor a Deus, mas o esfria e o congela.

19. Se uma alma pudesse abster-se total-mente dos pecados veniais, a maior dor que ela poderia ter seria ficar detida nesta vida, tão grande seria seu desejo de união com Deus.

20. Nas perseguições que os maus pro-movem contra a piedade e a devoção, devemos manter nossos olhos em Deus, a quem servimos, e no testemunho de uma boa consciência.

21. Quão pacientíssimo foi Cristo, o Rei e Senhor dos céus e da Terra, com os seus Apóstolos, suportando da parte deles muitas incivilidades e maus modos, sendo eles pobres e rudes pescadores! Quanto mais devemos nós suportar

o nosso próximo se nos trata com incivilidade.

22. Devemos dar-nos a Deus inteiramente e sem reserva.

23. A alma que se entregou inteiramente a Deus é toda d'Ele.

24. Mau sinal é quando nas grandes festas litúrgicas do ano não experimentamos sentimentos especiais de devoção.

25. Reflitamos sempre sobre esta verdade: o Verbo desceu do Céu a fim de fazer-se homem para nos salvar.

26. Não só devemos perdoar àquele que nos persegue, mas também compadecer-nos pelo triste estado da alma dele.

27. Para quem realmente ama a Deus, nada há de mais doloroso do que a vida.

28. Que os jovens sejam alegres e se divirtam nas recreações próprias da sua idade, desde que se mantenham fora do caminho do pecado.

29. Não saber negar à sua alma as suas vontades é fomentar os seus vícios.

São Filipe Néri: *devocionário*

30. Todas as coisas criadas mostram a bondade do Criador: o sol espalha sua luz; o fogo, o calor; a árvore estende seus ramos e chega a nós o fruto que ela produz; a água e o ar, e toda a natureza, expressam a liberalidade do Criador. E nós, que somos sua imagem viva, não o representamos, mas, pelos nossos costumes degenerados, negamo-Lo com as obras, ainda que O confessemos com nossas bocas.

31. A hora acabou, e nós podemos dizer o mesmo do ano; mas o tempo de fazer o bem ainda não acabou.

FIGURA 12 – *VISÃO DA VIRGEM POR SÃO FILIPE NERI*, C. MARATTI (1675)[34]

---

[34] Disponível em: <https://upload.wikimedia.org/wikipedia/commons/4/40/Carlo_Maratta_-_The_Virgin_Appearing_to_St_Philip_Neri_-_WGA14052.jpg>. Acesso em: 10 fev. 2018.

FIGURA 13 – *A VIRGEM MARIA E O MENINO APARECEM A SÃO FILIPE NÉRI*, G. B. PIAZZETTA (1682-1754)[35]

---

[35] Disponível em: <https://www.britannica.com/media/full/topic/409470/181807>. Acesso em: 06 out. 2018.

NOVENA A SÃO FILIPE NÉRI

squema a ser seguido em todos os dias da Novena: (1) Canto; (2) Hino *Iste Conféssor;* (3) Meditação do dia; (4) Pater, Ave e Gloria; e (5) Oração do dia.

Canto[36]

O amor de Deus difundiu-se nos nossos corações
pelo Espírito d'Ele que habita em nós

---

[36] Intróito gregoriano da Missa da Festa de São Filipe Néri, 26 de maio. Cf. LIBER USUALIS, 1961, p. 1472.

Hino *Iste Conféssor*[37]
(aplicado a todos os Santos Confessores)

1. Iste Conféssor
Dómini, coléntes

Quem pie laudant
pópuli per orbem,

Hac die laetus
méruit beátas

Scándere sedes.

1. Este Santo Confessor
do Senhor, a quem os
povos honram e lou-
vam com piedade em
todo o mundo:

Mereceu subir cheio de
gozo neste dia à sede da
bem-aventurança.

Se não é o dia da morte do Santo, diz-se:

Hac die laetus
méruit suprémos.

Laudis honóres.

Mereceu neste dia cheio
de gozo as supremas
honras do louvor.

2. Qui pius, prudens,
húmilis, pudícus,

Sóbriam duxit sine
labe vitam,

Donec humános ani-
mávit aurae

Spíritus artus.

2. O qual, piedoso, pru-
dente, humilde e puro,

Levou uma vida sóbria e
sem mancha,

Enquanto o sopro do
espírito animou

O seu corpo mortal.

---

[37] Tradução: LEFEBVRE, G. **Missal quotidiano e vesperal**. Bruges: Desclée de Brouwer & Cie, 1955, p. 1.152-1.153

3. Cujus ob praestans méritum frequénter,

Aegra quae passim jacuére membra,

Víribus morbi dómitis, salúti

Restituúntur.

4. Noster hinc illi chorus obsequéntem

Cóncinit laudem celebrésque palmas,

Ut piis ejus précibus juvémur

Omne per aevum.

5. Sit salus illi, decus atque virtus,

Qui, super caeli sólio corúscans,

Tótius mundi sériem gubérnat

Trinus et unus. Amen.

3. Pelo seu elevado mérito, frequentes vezes

Membros que ainda há pouco jaziam doentes,

Triunfando da violência das enfermidades,

Recobram a saúde.

4. É por isso que o nosso coro lhe canta

Um louvor reconhecido, e triunfos gloriosos,

Para que ele nos ajude com as suas preces

Por toda a eternidade.

5. Salvação, honra e glória Àquele

Que, resplandecente de glória no trono celeste,

Governa a totalidade do universo,

Trino e Uno. Amém.

V. Amávit eum Dóminus, et ornávit eum.

R. Stolam glóriae índuit eum.

V. O Senhor o amou e adornou.

R. Revestiu-lhe uma túnica de glória.

A ORAÇÃO DE SÃO FILIPE NÉRI

Meditação

Desde tenra idade Filipe entregou-se ao exercício da oração. Gostava de se retirar à solidão frequentemente para se dedicar à meditação. Já adulto, passava às vezes cerca de quarenta horas em oração, lamentando ter que parar para comer e repousar. Tal

---

[38] Para as meditações e orações de cada dia da novena, traduzimos para o Português a Novena disponível no site da Paróquia Santa Maria Vallicella: <http://www.vallicella.org/san-filippo-neri>.

era seu amor pela oração que ele quis que a Congregação que fundou fosse chamada de Congregação do Oratório ("Oratorium ab oratione dicitur", cf. Constit. I).

A união com Deus pela oração é o exemplo mais resplandecente que o santo pai Filipe deixou de si. Ao longo do dia não deixava passar um quarto de hora sem que se desligasse das coisas do mundo e pensasse em Deus, nos bens da outra vida, na eternidade.

Filipe depositava na oração toda a sua confiança. Nunca empreendeu algo importante sem primeiro se entregar à oração. E costumava dizer: "Se encontro tempo para estar em oração, tenho esperança certa de obter do Senhor qualquer graça que lhe peça". E, de fato, tudo obtinha de Deus.

A oração de Filipe era tão fervorosa que era sempre acompanhada por lágrimas de comoção. Chorava ao pensar nas ofensas que com tanta facilidade se faziam a Deus, mas especialmente chegava às lágrimas quando contemplava a Paixão de Cristo.

"Eu tirarei de vós o coração de pedra e vos darei um coração de carne" (Ezeq. 36, 26). É a promessa de Deus. Como precisamos de um novo coração! Nosso coração duro não é capaz de penetrar no abismo do amor de Deus. Precisamos de um coração que saiba amar verdadeiramente a Deus, queira ficar unido a Ele e, por seu amor, decida-se a abandonar tantos maus hábitos, pecados e vícios que infestam nossas vidas e que nos afastam de Deus e do nosso verdadeiro bem. *Pater, Ave, Gloria.*

Oração

Ó São Filipe Néri, vós que tanto amastes a oração e nela fostes tão favorecido por Deus: alcançai-me um contínuo e firme afeto a este santo exercício, de tal modo que eu nunca me canse de estar unido ao Senhor. Fazei que eu tenha tal amor a Ele que, mesmo em meio às minhas ocupações, eu nunca perca de vista o meu Deus. Alcançai-me aquele espírito fervoroso que para tantos de vossos devotos haveis impetrado e fazei que, a vosso exemplo, eu ame unir-me a Deus pela oração, de tal modo que, após ter vivido aqui na terra em íntima união com Ele, possa eu contemplá-Lo convosco eternamente no Céu. Amém.

A HUMILDADE DE SÃO FILIPE NÉRI

Meditação

Filipe era tão humilde diante de Deus que recebeu uma ordem explícita de seu confessor para que se decidisse tornar-se sacerdote. De fato, não queria receber o sacerdócio por reconhecer-se indigno. Sempre se esquivou de qualquer sombra de honra, de tal modo que não só recusou dignidades e até mesmo a púrpura cardinalícia, como também não queria nem mesmo ser chamado de fundador da Congregação do Oratório. Procurou sempre manter escondidos da admiração dos homens aqueles dons com que a misericórdia de Deus o havia enriquecido.

Era por todos considerado um santo, também pelos milagres que, já em vida, eram atribuídos à sua intercessão. Personagens de diversos lugares, cardeais, príncipes e até Sumos Pontífices lhe mostravam grande estima. Contudo considerava-se a si mesmo como o maior pecador do mundo. Frequentemente, repetia às lágrimas: "Pobre de mim! Ai de mim! Nunca fiz bem algum!".

Filipe não só se preocupou em evitar as honras e as dignidades, mas também se esforçou de todo modo em esconder do mundo as virtudes pelas quais ele pudesse ser elogiado. Procurava mostrar-se como um homem vil, louco e irresponsável, inventando várias maneiras de ser ridicularizado e desprezado.

Sede humilde, considera-te pouca coisa, porque às vezes, para humilhar o orgulho, costuma Deus permitir quedas vergonhosas. **Pater, Ave, Gloria.**

Oração

Ó humílimo São Filipe Néri, que, para ser verdadeiro imitador de Jesus Cristo, sempre desprezastes os louvores mundanos e, assim, achastes gosto em ser desprezado pelos homens: suplico-vos que me façais compreender as vantagens da vida escondida e a sublimidade contida nos serviços mais humildes e desprezados. Imprimi em mim aquela mesma pouca consideração que tínheis de vós mesmo e que vos fazia acreditar ser o pior dos homens, de tal modo que o bem que eu me proponho a fazer, com a graça de Deus, não seja frustrado pela minha auto complacência ou pelo louvor dos homens. Alcançai-me a verdadeira humildade de coração e o reconhecimento do meu nada, para que eu possa permanecer na verdade diante de Deus e para que a humildade de minha vida atraia o olhar benevolente de Deus sobre mim. Amém.

A PACIÊNCIA DE
SÃO FILIPE NÉRI

Meditação

Filipe mostrou sempre uma paciência heroica, especialmente nas suas enfermidades que, para sua grande fadiga, eram frequentes. Não dava sinal algum de tristeza por maiores que fossem suas dores ou a gravidades das febres, e assim dizia frequentemente: "Não sou digno de receber do Senhor o dom das tribulações e dos trabalhos".

Mas a paciência de Filipe mostrou-se, sobretudo, em suportar injúrias, contrariedades e perseguições. Não foi só escarnecido nas cortes, nas praças e pelos desocupados, mas também foi injustamente perseguido por pessoas de grande reputação. Em tais ocasiões não fazia outra coisa senão bendizer a Deus, como Jó, e, assim, confundia, por sua paciência, aqueles que o atormentavam.

Além disso, seguindo fielmente os conselhos evangélicos, era bendizendo que recompensava as injúrias recebidas (cf. I Pd. 3, 9), pedindo a Deus pela salvação dos que o insultavam, de tal modo que se cansavam antes os seus perseguidores no contrariar do que Filipe no suportar. Dizia-se, habitualmente, dele: "Ao pai Filipe pode-se dizer ou fazer qualquer coisa, que nada mais o perturba".

É assim, pois, que se coloca em prática aquilo que pedimos todos os dias no Pai-Nosso: perdoai-nos as nossas dívidas, assim como nós perdoamos aos nossos devedores. Jesus Cristo nos ensina que o Pai celeste faz depender o perdão das nossas culpas do perdão que damos àqueles que nos ofendem. ***Pater, Ave, Gloria.***

Oração

Ó São Filipe Néri, que me ensinais com palavras e com o exemplo que a perseguição dos homens e a tribulação da vida não servem a outra coisa senão a robustecer a alma no amor de Deus: ensinai-me a compreender esta verdade em minha vida e ajudai-me a colocar freios aos meus ímpetos de ira, às minhas impaciências, de tal modo que eu possa ser sempre acolhedor, manso e pacífico, e que por amor a Deus eu suporte pacientemente as cruzes que a vida me reserva, para, assim, ser fiel a Deus, até a morte. Amém.

A PUREZA DE SÃO FILIPE NÉRI

Meditação

A pureza de corpo, entre todas as virtudes, era a mais cara a Filipe. Ele sempre soube manter intacta essa virtude. Aqueles que o conheceram testemunhavam como irradiava pureza em seus olhos e em todo seu corpo, que parecia emanar um odor maravilhoso. Não apenas confortava os que a ele se dirigiam, como somente o tocá-lo já fazia desaparecer qualquer afeto impuro.

Não se tratava de uma virtude gratuita, mas conquistada. Foi muitas vezes provada; sabemos que, quando jovem, mais de uma vez foi Filipe incitado ao pecado e quando já era sacerdote muitas vezes foram feitas armadilhas a ele por mulheres de conduta imoral. Mas, como ele dizia, na guerra dos sentidos vence aquele que foge: e foi fugindo que venceu o pecado todas as vezes.

Para guardar a sua virtude preferida, Filipe costumava dominar seus sentidos pela mortificação. Tinha o cuidado constante de fugir das ocasiões que pudessem levar ao pecado, estava sempre unido a Deus pela oração e pelos sacramentos e tinha uma fervorosa devoção à Santíssima Virgem.

Essas foram suas armas. E por isso é Filipe o especial protetor daqueles que amam essa virtude. *Pater, Ave, Gloria.*

Oração

Ó glorioso São Filipe, que, por vossa castidade angélica merecestes ver o Filho da Virgem e muitas vezes fostes consolado pela visita dos Anjos: inspirai em mim um amor eficaz por esta virtude celeste. Vós que sempre tratastes duramente vosso corpo inocente para submetê-lo sempre mais ao Espírito Santo, alcançai-me a graça de fugir das sugestões ilusórias da carne e de guardar todos os meus afetos de tudo aquilo que possa manchá-los, de tal modo que possa eu também um dia vir a gozar convosco daquela beatitude que Jesus Cristo, Nosso Senhor, prometeu aos puros de coração. Amém.

O DESAPEGO DOS BENS MATERIAIS

Meditação

A alma de Filipe era muito desapegada dos bens terrenos. Não só recusou uma rica herança de seu tio como nem se preocupou com a paterna. Em sua vida sempre recusou heranças e doações diversas, mesmo consideráveis, oferecidas a ele por muitas pessoas.

Não se deixou jamais deslumbrar por mitras ou púrpuras cardinalícias, muitas vezes oferecidas a ele, em vão, por dois Papas, e àqueles que tentavam convencê-lo a aceitar, respondia com os olhos voltados ao céu: "Paraíso! Paraíso!".

Não encontrava nos bens terrenos felicidade alguma, nada que confortasse seu desejo. Dizia: "Nada de bem encontro neste mundo. Quem quer bens materiais nunca terá os espirituais, e quem quer algo que não seja Cristo, não sabe o que quer".

O pensamento de que neste mundo nada pode nos dar o verdadeiro bem será a verdade que nos manterá longe de fixar nossos corações em coisas vãs, que nos distanciarão do Senhor: "Quão difícil é para os ricos entrarem no Reino de Deus!" (cf. Lc. 18, 24). **Pater, Ave, Gloria.**

Oração

Ó grande São Filipe Néri, que preferistes uma vida pobre e austera à comodidade que vos ofereciam sua família e Roma, para ensinar-nos, assim, a desprezar as riquezas transitórias e buscarmos, sobretudo, os bens eternos: ajudai-me a afastar meu coração de tudo aquilo que o mundo enganosamente me promete, ajudai-me a amar verdadeiramente a pobreza e que eu me lembre sempre que eu sou um pobre servo de Deus. Que possa eu gozar daqueles bens que, na eterna bem-aventurança, são prometidos somente aos pobres de espírito. Amém.

Sexto dia
O AMOR DE DEUS

Meditação

O amor de Filipe para com Deus foi sempre puro, desinteressado, não condicionado por motivação terrena alguma. Amava a Deus profundamente e desejava amá-Lo sempre mais. Seu coração era de tal modo enamorado por Deus que, não podendo pela grande veemência ficar contido em seu peito, teve Filipe duas de suas costelas rompidas e seu coração foi dilatado visivelmente pelo Espírito Santo. De seus olhos e de seu rosto se via lançar como que faíscas de fogo, efeito daquela chama de amor que o consumia interiormente. Desejava derramar seu sangue por Jesus Cristo, pensando, ao início de sua missão, em ir às Índias para evangelizar, mas não era essa a vontade de Deus para sua vida. Quanto mais fazia, mais lhe parecia que nada fazia pela glória de Deus, porque desejava fazer sempre mais, para manifestar a Deus o seu amor. De sua boca ouvia-se: "Eu nunca vos amei, mas quero vos amar, meu Jesus... Quando começarei a fazer o bem?... Felizes dos jovens que têm ainda tempo bastante para fazer o bem...". **Pater, Ave, Gloria**

Oração

Ó São Filipe Néri, em vossa presença eu confesso a ingratidão com que tenho correspondido até agora ao amor de Deus. Confesso não ter sido capaz de amar aquele Bem Infinito como vós O amastes na Terra. Não tenho amado a Deus gratuitamente e nem com todo o coração. Assim como a vossos filhos devotos impetrastes a chama do amor divino, assim também o peço que m'a obtenhais, para que eu possa arrancar meu coração do afeto às criaturas e não procurar mais os vãos atrativos do mundo. Alcançai-me um amor puro e eficaz, de tal modo que somente Deus seja objeto do meu coração e o meu único desejo, no tempo e na eternidade. Amém.

Sétimo dia
O AMOR AO PRÓXIMO

Meditação

Antes e depois de ser sacerdote, Filipe sempre se ocupou em socorrer o próximo no caminho para Deus, através de vários exercícios de devoção. Era afável com todos, para levar todos a Deus.

Em Roma caminhava por toda parte, nas praças, nas escolas, em todo lugar, a fim de trazer ao caminho da salvação aqueles que estavam distantes. E, com suas boas maneiras, muitas vezes conseguiu não somente trazer à verdade judeus e hereges, como também converteu muitos pecadores obstinados.

Mas não se preocupava apenas com a salvação da alma, sendo também muito solícito em vir em socorro dos que sofriam necessidades materiais. Famílias aflitas, meninas pobres, viúvas abandonadas, peregrinos desabrigados, doentes convalescentes e qualquer tipo de pessoa necessitada encontravam nele conforto e sustento. Chegou a privar-se de vestes suas quando não tinha mais nada para cobrir alguns pobres.

E a tudo isso unia uma jovialidade de alma singular: sempre alegre para com todos, aparência afável e manso nas palavras. Estimava a todos, honrava a todos e compadecia-se de todos. Seus contemporâneos diziam que tratar com Filipe uma única vez era suficiente para ser cativado.

Contudo, assim como para Deus, também para o próximo ele estava convencido de ser incapaz de fazer algo: "Se vos amasse, Senhor, sobre todas as coisas, amaria também ao meu próximo como a mim mesmo... Fazei, Senhor, que eu ame a meus irmãos nas entranhas de Jesus Cristo...".

"Amar a Deus com todo o coração, com todo o entendimento e com toda a força, e amar ao próximo como a si mesmo, excede a todos os holocaustos e sacrifícios" (cf. Mc. 12, 33). *Pater, Ave, Gloria.*

Oração

Ó São Filipe Néri, que com tanto zelo sempre vos ocupastes em favorecer a saúde espiritual e corporal do próximo: concedei-me com a vossa doçura o impulso em ter uma terna compaixão para com os pobres e em promover, com minhas palavras e com meu exemplo, a conversão das almas transviadas que encontro em meu caminho. Alcançai-me um coração pacífico e manso, de tal modo que eu não diga palavras ofensivas ou que possam amargurar o meu próximo; e que eu verdadeiramente deseje o bem daqueles que me perseguem ou que me ofenderam. Que eu possa amar ao meu próximo, sobretudo aos pequenos, para ser por eles um dia recebido no reino dos Céus. Amém.

Oitavo dia
A DEVOÇÃO DE SÃO FILIPE NÉRI

Meditação

Filipe foi um grande devoto, sobretudo da Santíssima Eucaristia. Ainda enquanto leigo, comungava ordinariamente toda manhã. E já como sacerdote, quando estava bem de saúde, celebrava a Santa Missa todo dia e, caso estivesse impedido por alguma doença, comungava pela manhã. Não se pode narrar a diligência com que se preparava, a doçura e os afetos de ação de graças com os quais recebia o Senhor. Todo o seu deleite consistia em estar longas horas do dia em oração diante do Santíssimo Sacramento ou em recebê-Lo em seu peito. Receber a Sagrada Comunhão e entrar em êxtase era para ele uma só coisa, e para evitar a admiração das pessoas decidiu celebrar em uma capela privada, e sua celebração durava horas.

Também era muito grande sua devoção à Paixão do Senhor. Quando ele falava ou lia algo sobre ela, especialmente durante a Semana Santa, não conseguia conter as lágrimas e, pelos soluços, não podia prosseguir adiante, leitura ou sermão que fosse.

Levava consigo uma imagem do Crucificado, para poder livremente desafogar-se em suas efusões de amor.

Mas uma devoção terníssima reservava Filipe para Maria Santíssima. Desde sua infância nutriu um particular afeto a Nossa Senhora, chamando-a com santa simplicidade de "minha Mamãe". Já adulto, não cessou jamais de louvá-la e de fazê-la ser honrada pelos demais. Dizia a todos: "Sede devotos de Nossa Senhora, sede devotos de Maria; saibam todos que não há meio mais poderoso para se obter graças de Deus do que a Santíssima Virgem". **Pater, Ave, Gloria.**

Oração

Ó São Filipe Néri, predileto de Jesus e de Maria, pela terna devoção que sempre lhes dedicastes: alcançai-me luz para minha inteligência e ardor para minha vontade, para que eu não deseje outra coisa senão estar unido ao meu Senhor Jesus. Vosso exemplo me estimula a ter um amor respeitoso e um afeto filial à Maria Santíssima. Ensinai-me sempre como agir em minha vida para agradar a essa puríssima Virgem e, sobretudo, impetrai-me d'Ela um grande amor à virtude da pureza, para que, assim, Ela volva seu olhar benigno sobre mim e me conceda a graça de amá-la nesta vida e de contemplá-la convosco eternamente no Céu. Amém.

A PERSEVERANÇA DE SÃO FILIPE NÉRI

Meditação

Filipe nunca abandonou o caminho do bem que começou a percorrer desde sua infância. Cada dia de sua vida foi rico em devoção e em obras de caridade. Inflamado no amor de Deus e dedicado ao bem do próximo, entregou-se por inteiro e com grande generosidade ao seu ministério sacerdotal. Queria ele que, no momento de sua morte, o Senhor o encontrasse fiel e vigilante nas obras de caridade.

Não houve contrariedades ou fadigas que o convencessem a abandonar o bem que havia proposto realizar. E costumava dizer: "É necessário jamais abandonar as próprias devoções, porque se o demônio nos fizer abandoná-las uma vez, facilmente nos fará abandonar uma segunda e uma terceira vez, até que, enfim, não reste nada".

Exortava seus filhos espirituais a perseverar no bem até a morte e lembrava-os, especialmente os jovens, que para ser constante no serviço de Deus, deve-se fugir das ocasiões de pecado, assistir todos os dias à Santa Missa e ser devoto de Maria Santíssima. Queria também que no Oratório se recitassem, toda noite, cinco Pater e Ave para pedir especialmente a Deus a virtude da perseverança.

Recordava que todos deviam renovar constantemente os bons propósitos e jamais desanimar diante das tentações contrárias que viessem a surgir. ***Pater, Ave, Gloria.***

Oração

Ó São Filipe Néri, nosso protetor, que alcançastes para vossos devotos o dom da perseverança no bem: dignai-vos implorá-lo também para mim. Obtende-me a graça de expiar em vida os meus pecados, de romper os laços que me mantém preso às vaidades do mundo e de ter uma férrea constância na prática da vida cristã, de modo que eu possa esperar com confiança a bem-aventurança eterna convosco no Paraíso. Amém.

FIGURA 14 – *SÃO FILIPE NÉRI EM ORAÇÃO*, G. B. PIAZZETTA (1682-1754)[39]

---

[39] Disponível em: <http://pinacotecabrera.org/en/collezione-online/opere/san-filippo-neri-in-preghiera/>. Acesso em: 10 fev. 2018.

ORAÇÕES

Oração[40] *(que se costuma recitar em Roma diante do corpo de São Filipe Néri)*

Deus onipotente e misericordioso, que, para benefício e conforto de vossos filhos, suscitastes na Igreja, em época difícil, o amável santo Filipe Néri, fazendo dele o Apóstolo de Roma, o modelo de sacerdote, o patrono e mestre da juventude: acolhei a oração que a Vós dirigimos, espiritualmente unidos a ele *(aqui diante de seus restos mortais)*, e dai-nos a graça de, por intercessão dele e pelos méritos de Nosso Senhor Jesus Cristo, imitar sua pureza, sua caridade, seu santo ardor em toda boa

---

[40] Tradução nossa para oração encontrada na novena apresentada no capítulo anterior. (fonte: <http://www.vallicella.org/san-filippo-neri>. Acesso em: 28 jun. 2019).

obra, sua filial devoção à Santíssima Virgem, a fim de também nós merecermos glorificar-Vos e gozar-Vos juntamente com ele e com todos os Santos na pátria bem-aventurada do Paraíso. Amém.

Oração a São Filipe Néri[41]

Ó santo pai Filipe, penetrado no coração pelo verdadeiro fogo do Espírito de Cristo e de tal modo consumido de Seu Amor que dissestes "basta!": rogai por nós, para que sejamos vossos verdadeiros filhos, intercedei para que também nós sejamos consumidos pelo Amor de Jesus ao Pai. Pedi por nós para que sejamos libertos do respeito humano, da dureza, do orgulho e da falta de misericórdia. Obtende-nos um desejo ardente de cumprir sempre e em tudo a Vontade do Pai. Alcançai-nos que toda palpitação de nosso coração possa imitar a voz mansa, humilde, pacífica e jubilosa do Espírito Santo.

---

[41] Tradução nossa para oração encontrada na novena apresentada no capítulo anterior. (fonte: <http://www.vallicella.org/san-filippo-neri>. Acesso em: 28 jun. 2019).

Ó Mãe do Oratório, Mãe nossa amantíssima, conduzi-nos a Cristo, vosso Filho, que vive e reina com Deus Pai na unidade do Espírito Santo. Amém.

Oração ao Espírito Santo
(*Sequência de Pentecostes*)[42]

FIGURA 15 – *PENTECOSTES*, J. II RESTOUT (1692-1768)[43]

---

[42] LEFEBVRE, 1955, p. 707-708.
[43] Disponível em: <https://upload.wikimedia.org/wikipedia/commons/3/3f/Jean_II_Restout_-_Pentecost_-_WGA19318.jpg>. Acesso em: 06 out. 2018.

1. Veni, Sancte Spíritus,
Et emítte cáelitus
Lucis tuae rádium.

1. Vinde, ó Espírito
Santo, e mandai lá
do Céu os raios da
vossa luz.

2. Veni,
pater páuperum;
Veni, dator múnerum;
Veni, lumen córdium.

2. Vinde, ó Pai dos
pobres, de todos os
dons caudal e sol das
nossas almas.

3. Consolátor óptime,
Dulcis hospes ánimae,
Dulce refrigérium.

3. Ó Consolador
supremo, hóspede dos
nossos corações e refri-
gério dulcíssimo.

4. In labore réquies,
In aestu tempéries,
In fletu solátium.

4. Vós sois a paz na luta,
na turbação a calma, da
nossa dor o bálsamo.

5. O lux beatíssima,
Reple cordis íntima
Tuórum fidélium.

5. Ó Santíssima luz,
inundai as entranhas
e os corações dos
vossos fiéis.

6. Sine tuo númine,
Nihil est in hómine,
Nihil est innóxium.

6. Sem a vossa proteção
nada há no homem sem
jaça de pecado.

7. Lava quod
est sórdidum.
Riga quod est áridum,
Sana quod est sáucium.

7. Lavai o que é impuro,
fecundai o que é
estéril e o que está
ferido, curai-o.

8. Flecte quod
est rígidum,
Fove quod est frígidum,
Rege quod est dévium.

9. Da tuis fidélibus,
In te confidéntibus,
Sacrum septenárium.

10. Da virtútis méritum,
Da salútis éxitum,
Da perénne gáudium.

Amen. Alleluia.

8. Dobrai o nosso
orgulho, abalai nossa
indiferença e os nossos
passos, guiai-os.

9. Dai aos fiéis que
confiam em Vós os sete
dons sagrados.

10. Dai-lhes da virtude
a recompensa, dai-lhes
o porto da salvação e a
alegria eterna.

Amém. Aleluia.

Jaculatórias[44]

Dá-se o nome de *jaculatórias* às orações breves pelas quais se pode invocar a Deus frequentemente no decurso do dia. São Filipe Néri tinha o costume de recitá-las e aconselhava os seus seguidores a fazerem o mesmo. Considerava ele que esse era um meio eficaz e acessível a todos para se elevar o coração a Deus sem interromper os

---

[44] BACCI, 1851, p. 201-204, tradução nossa.

afazeres cotidianos.[45] A seguir, algumas das jaculatórias por ele usadas:

1. *Cor mundum crea in me Deus, et spiritum rectum innova in visceribus meis* [Cria em mim, ó Deus, um coração puro, e renova nas minhas entranhas um espírito reto].

2. *Deus, in adjutorium meum intende: Domine, ad adjuvandum me festina* [Vinde, meu Deus, em meu auxílio: Senhor, dai-Vos pressa em me socorrer].

3. *Doce me facere voluntatem tuam* [Ensinai-me a fazer vossa vontade].

4. *Domine, ne te abscondas mihi* [Senhor, não vos oculteis de mim].

5. *Domine, vim patior, responde pro me* [Senhor, estou em agonia, socorrei-me].

6. *Ego sum via, veritas, et vita; dixit Dominus* [Eu sou o Caminho, a Verdade e a Vida; disse o Senhor].

7. *Fiat voluntas tua sicut in caelo, et in terra* [Seja feita a vossa vontade, assim na Terra como no Céu].

---

45 Cf. IGREJA CATÓLICA, 2010, p.153; XIMENES, 1998, p. 55-56.

8. *Jesu, sis mihi Jesu; ego enim te diligo* [Ó Jesus, sede meu Salvador; pois eu Vos amo].

9. *Adauge mihi fidem, o bone Jesu* [Aumentai a minha fé, ó bom Jesus].

10. *Omnis vallis implebitur, et omnis mons, et collis humiliabitur* [Todo vale será aterrado, e todo monte e outeiro serão arrasados].

11. *Verbum caro factum est* [E o Verbo se fez carne].

12. *Ne nos inducas in tentationem* [Não nos deixeis cair em tentação].

13. *Ne reminiscaris, Domine, iniquitatum mearum* [Não vos lembreis, Senhor, das minhas iniquidades].

14. *Quando te diligam filiali amore?* [Quando vos amarei com amor filial?].

15. *Sancta Trinitas, unus Deus, miserere nobis* [Santíssima Trindade, que sois um só Deus, tende piedade de nós].

16. *Tui amoris in me ignem accende* [Abrasai-me no fogo do vosso amor].

17. *Maria, Mater gratiae, Mater misericordiae, tu nos ab hoste protege, et hora mortis*

suscipe [Ó Maria, Mãe da graça, Mãe de misericórdia, protegei-nos contra o inimigo e recebei-nos na hora de nossa morte].

18. *Assumpta est Maria in caelum, gaudent Angeli* [Maria foi elevada ao Céu, alegram-se os Anjos].

19. Meu Jesus, o que farei se não me socorrerdes?

20. Meu Jesus, o que eu posso fazer para Vos agradar?

21. Meu Jesus, o que eu posso fazer para cumprir Vossa vontade?

22. Meu Jesus, dai-me a graça de Vos servir não por temor, mas por amor.

23. Meu Jesus, quero Vos amar.

24. Meu Jesus, nada quero fazer senão Vossa santíssima vontade.

25. Eu cairei, meu Jesus, se não me socorrerdes.

26. Meu Senhor, eu quero aprender o caminho do Céu.

27. Ó meu Jesus, que eu jamais Vos ofenda.

São Filipe Néri: devocionário

28. Virgem Maria, Mãe de Deus, rogai a Jesus por mim.

29. Ó Santíssima Virgem Maria, dai-me a graça de pensar sempre em vossa virgindade.

30. Ó Santíssima Virgem Maria, dai-me a graça de pensar sempre em vós.

FIGURA 16 – *RETRATO DE SÃO FILIPE NÉRI*, S. CONCA (1680-1764)[46]

---

[46] Disponível em: <https://upload.wikimedia.org/wikipedia/it/1/1f/San_Filippo_Neri_ritratto_Conca.jpg>. Acesso em: 06 out. 2018.

FIGURA 17 – *A VISÃO DE SÃO FILIPE NÉRI*, P. BATONI (1708-1787)[47]

---

[47] Disponível em: <http://www.thearttribune.com/IMG/jpg/Batoni_Neri.jpg>. Acesso em: 10 fev. 2018.

PRECES
— DIÁRIAS A SÃO —
FILIPE NÉRI

Papa Pio IX, por um decreto da Sagrada Congregação das Indulgências, de 17 de maio de 1852, concedeu uma **indulgência de 50 dias**, a ser lucrada uma vez por dia ao se recitar com coração contrito as seguintes orações, uma para cada dia da semana, a fim de obter determinadas virtudes pela intercessão de São Filipe Néri.[48]

---

[48] Disponível em: <http://www.liturgialatina.org/oratorian/daily.htm>. Acesso em: 28 jun. 2019. Há também uma versão em Português em: <http://www.oracoes.info/NovenasSantos014.html>. Acesso em: 28 jun. 2019.

Domingo
Oração para obter a virtude
da Humildade

Ó São Filipe Néri, meu glorioso Patrono, que na terra tivestes tal amor à humildade que reputastes como nada os louvores e até a boa estima dos homens: obtende-me, por vossa oração, esta virtude. Vós sabeis quão orgulhoso eu sou em meus pensamentos, quão vaidoso em minhas palavras e quão ambicioso em minhas ações. Suplicai para mim a humildade de coração; para que minha alma seja liberta de toda soberba, e nela seja impressa a mesma baixa estima que tínheis de vós mesmo, considerando-vos como o pior dos homens, e, por isso, regozijando-vos quando sofríeis contrariedades, buscando para vós ocasiões de suportá-las. Ó grande Santo, alcançai-me um coração verdadeiramente humilde e o conhecimento de minha própria baixeza, de modo que eu me alegre quando for desprezado e não me ressinta quando outros forem preferidos a mim; que eu não me vanglorie quando for louvado, mas busque somente ser grande aos olhos de Deus, desejando receber só d'Ele a minha exaltação. ***Pater, Ave, Gloria.***

Segunda-feira

Oração para obter a virtude
da Paciência

Ó São Filipe Néri, meu santo padroeiro, cujo coração era tão constante nos tempos de provação, e cujo espírito era tão amável durante os sofrimentos, sendo perseguido pelos invejosos, caluniado pelos ímpios, que procuravam desacreditar vossa santidade, ou provado por Deus com tão longas e dolorosas enfermidades, e sempre suportastes vossas provações com prodigiosa tranquilidade de coração e de entendimento: rogai por mim para que eu possa ter um espírito de verdadeira fortaleza diante de qualquer adversidade. Ai de mim! Quanto preciso da virtude da paciência! Recuo diante de cada pequena dificuldade; entristeço-me sob a mais leve aflição; impaciento-me e ressinto-me diante de qualquer contrariedade insignificante; nunca estou disposto a aprender que a via do Paraíso se encontra entre os espinhos e a tribulação. Contudo tal foi o caminho que nosso Divino Mestre dignou-se trilhar e este foi também, ó meu Santo Patrono, o vosso caminho. Obtende-me, pois, uma coragem tal que, de boa vontade, possa eu abraçar as cruzes que a cada dia recebo de Deus, e possa suportá-las com a mesma firmeza e prontidão que vós tivestes quando estava na Terra; possa eu, assim, ser feito digno de gozar convosco do bem-aventurado fruto dos sofrimentos na pátria celeste. ***Pater, Ave, Gloria.***

Terça-feira

Oração para obter a
virtude da Pureza

Ó São Filipe Néri, que preservastes sempre imaculado o alvo lírio de vossa pureza, com tal honra para vós que o esplendor dessa preciosa virtude estava sempre em vossos olhos, resplandecia em vossas mãos e difundia seu agradável odor por todo vosso corpo, fazendo-o espalhar, assim, um perfume suavíssimo, fonte de consolação, fervor e devoção para todos aqueles que tratavam convosco: obtende-me do Divino Espírito Santo tal amor a essa virtude, que jamais as palavras ou maus exemplos dos pecadores possam causar qualquer impressão em minha alma. Não permitais que de alguma forma eu perca essa amável virtude; e como a fuga das ocasiões de pecado, a oração, o trabalho, a humildade e o uso frequente dos Sacramentos foram as armas com que vós dominastes a carne, que é nosso pior inimigo, peço-vos que me alcanceis a graça de usar as mesmas armas para derrotar o mesmo inimigo. Não negueis a mim o vosso auxílio; sede tão zeloso comigo quanto o fostes durante vossa vida com vossos penitentes, mantendo-os sempre longe de qualquer contágio desonesto. Sede-me propício, meu santo Patrono, e sede sempre meu protetor em relação a essa tão valiosa virtude. *Pater, Ave, Gloria.*

Quarta-feira
Oração para obter o
Amor de Deus

Ó São Filipe Néri, admiro o grande prodígio operado em vós pelo Espírito Santo, quando Ele derramou em vosso coração tal abundância de caridade celeste que, dilatando a tal extremo vosso peito para contê-la, duas de vossas costelas foram rompidas pela veemência do amor divino; confundo-me, contudo, quando comparo o vosso coração com o meu. Contemplo vosso coração inteiramente consumido em amor; e o meu, completamente frio e apegado às criaturas. Vejo o vosso coração inflamado com um fogo do céu, que preencheu vosso corpo e fazia que de vosso olhar se irradiasse como que chamas; enquanto que o meu é cheio de amor terreno. Eu amo o mundo, que me atrai, mas que nunca poderá me fazer verdadeiramente feliz; eu amo a carne, que me solicita, mas que não pode me fazer imortal; amo as riquezas que não posso gozar senão por breves momentos. Ó quanto eu devo aprender de vós a não amar algo senão a Deus, meu incompreensível e único Bem! Ajudai-me, pois, bem-aventurado Patrono, para que, por vossa intercessão, eu comece desde já a amar a Deus cada vez mais: obtende-me um amor eficaz, que se manifeste em obras; um amor puro, que me faça amá-Lo mais perfeitamente; um amor forte, que me permita superar todos os obstáculos que impedem minha união com Ele nesta vida, de modo que possa eu estar unido inteiramente a Deus, eternamente no Céu após a minha morte. *Pater, Ave, Gloria.*

Quinta-feira

Oração para obter o Amor ao nosso próximo

Ó gloriosíssimo Santo, que vos consumistes inteiramente em favor do bem do próximo, estimando a todos, amando a todos, ajudando a todos; vós que, ao longo de toda vossa vida, sempre vos esforçastes pela salvação de todos, jamais recuando diante de trabalhos ou dificuldades, não reservando a vós tempo ou conforto algum, a fim de poder ganhar todos os corações para Deus: rogai por mim, para que, juntamente com o perdão dos meus pecados, eu obtenha a caridade para com o meu próximo e seja doravante mais compassivo com suas necessidades; alcançai-me a graça de amar a todos com um amor puro e desinteressado, como a irmãos meus, socorrendo a todos, ao menos com orações e bons conselhos, caso não me seja possível fazê-lo com bens temporais. Ensinai-me também a defender a honra do meu próximo em todas as ocasiões, jamais dizendo a ele palavras nocivas ou desagradáveis; que, pelo contrário, eu conserve sempre, mesmo para meus inimigos, doçura de espírito semelhante àquela pela qual vós mesmo triunfastes sobre os que vos perseguiam. Ó grande Santo, alcançai-me de Deus essa bela virtude, tal como já a haveis alcançado para tantos devotos vossos, a fim de que todos juntos possamos um dia glorificar a Deus convosco na eterna bem-aventurança. ***Pater, Ave, Gloria.***

São Filipe Néri: devocionário

Sexta-feira
*Oração para obter o Desapego
dos bens temporais.*

Ó grande Santo, que preferistes uma vida pobre e austera aos confortos de vossa própria família, cujas honras e glórias desprezastes: obtende-me a graça de manter sempre meu coração desapegado dos bens transitórios desta vida. Ó São Filipe, cujo desejo sempre foi o de ser tão pobre a ponto de, reduzido a mendigar, não encontrar uma mão caridosa para vos dar o auxílio necessário para viver: alcançai-me de Deus tal amor à pobreza que eu possa elevar todos os meus pensamentos aos bens celestes, que nunca acabam. Ó São Filipe, que preferistes uma vida oculta ao invés de aceitar as altas dignidades da Santa Igreja: intercedei por mim, para que eu jamais busque as honras, mas me contente sempre no estado em que Deus me colocar. Meu coração é demasiadamente ansioso pelas coisas vãs e fugazes do mundo; mas vós nos deixastes essa grande máxima em duas palavras: "E depois?". Ó que belas palavras! Possam elas estar sempre gravadas profundamente em minha alma, de modo que, desprezando as coisas da terra, eu tenha somente a Deus como único objeto de meus pensamentos e afetos. **Pater, Ave, Gloria.**

Sábado
Oração para obter a Perseverança nas boas obras.

Ó São Filipe Néri, meu santo Patrono, que sempre constante na prática das boas obras e cheio de méritos, recebestes da Divina Majestade a coroa de glória em prêmio de todos os vossos trabalhos: obtende-me a graça de jamais abandonar o serviço de Deus. Ó São Filipe, que recompensastes os devotos que vos amam com o dom da perseverança no bem, alcançai de Deus também para mim esse dom; ficai comigo, querido pai, no último momento de minha vida, e rogai por mim para que eu parta desta vida fortalecido com a graça dos Santos Sacramentos. Rogai por mim para que eu faça penitência pelos meus pecados e os chore amargamente todos os dias de minha vida. Ó São Filipe, que do alto dos céus conheceis minhas misérias e as cadeias que me prendem ao pecado e aos bens terrenos: rogai por mim para que eu seja liberto delas e seja sempre devotado ao meu Deus. Obtende-me um ardente desejo de cooperar à minha própria salvação e uma firmeza inabalável nas boas obras começadas para que, assim, por vossa intercessão, eu mereça estar em vossa companhia eternamente na pátria bem-aventurada. *Pater, Ave, Gloria.*

FIGURA 18 – *SÃO FILIPE NÉRI CELEBRANDO A SANTA MISSA*, ANÔNIMO[49]

---

[49] Disponível em: <http://tulacampos.blogspot.com.br/2012/05/sao-filipe-neri-e-alegria-dos-santos.html>. Acesso em: 10/02/18.

MISSA DA FESTA DE SÃO FILIPE NÉRI

presento a seguir as partes móveis da Missa no Rito Romano tradicional da festa de São Filipe Néri, a 26 de maio. Este capítulo serve, pois, tanto para leitura espiritual como também para a eventual assistência à Santa Missa no dia da festa.[50]

---

[50] Fonte: LEFEBVRE, 1955, p. 1.396-1.397; 1.303; 1.155.

Intróito. Rm. 5, 5.

Caritas Dei diffúsa est in córdibus nostris per inhabitántem Spíritum ejus in nobis (T. P. Allelúja, allelúja).

Ps. 102, 1. Bénedic, ánima mea, Dómino: et ómnia, quae intra me sunt, nómini sancto ejus.

V. Glória Patri [...]

O amor de Deus difundiu-se nos nossos corações pelo Espírito dele que habita em nós (T. P. Aleluia, aleluia).

Sl. Bendiga a minha alma ao Senhor e tudo o que há dentro de mim bendiga o seu santo nome.

V. Gloria ao Pai [...].

Oratio

Deus, qui beá-tum Philíppum Confessórem tuum Sanctórum tuórum glória sublimásti: con-céde propítius; ut, cujus solemnitáte laetámur, ejus virtútum profi-ciámus exémplo. Per Dóminum [...]

Ó Deus, que elevastes o bem-aventurado Filipe à glória da santidade, fazei com que devidamente aproveitemos do exemplo daquele cuja solenidade celebramos com alegria. Por Nosso Senhor [...].

Epístola. Sab. 7, 7-14.

Leitura do livro da Sabedoria. Desejei a inteligência e ela me foi dada; invoquei o Senhor e veio a mim o espírito da sabedoria; e preferi-a aos reinos e aos tronos e julguei que as riquezas nada valiam em sua comparação. Nem pus em paralelo com elas as pedras preciosas, porque todo o ouro em sua comparação é um pouco de areia e a prata será considerada como o lodo à sua vista. Eu amei-a mais do que a saúde e a beleza e resolvi-me a tê-la por luz, porque a sua claridade é inextinguível. Todos os bens me vieram juntamente com ela e recebi de suas mãos inumeráveis riquezas. Regozijei-me em todas as coisas, porque ia à frente de mim essa sabedoria e eu ignorava que ela é mãe de todos os bens. Aprendi-a sem preconceitos e reparto-a com os outros sem inveja, e não escondo as suas riquezas. Porque ela é um tesouro infinito para os homens e os que dela usaram foram recebidos na amizade de Deus, em virtude dos dons da ciência.

Gradual. Ps. 33, 12 et 6.

Veníte, fílii, audíte me: timórem Dómini docébo vos.

V. Accédite ad eum, et illuminámini: et fácies vestrae non confundéntur.

Allelúja, allelúja.

V. Thren. 1, 13. De excélso misit ignem in óssibus meis, et erudívit me. Allelúja.

Vinde, filhos, e escutai-me: ensinar-vos-ei o temor do Senhor.

V. Aproximai-vos d'Ele e sereis iluminados e o vosso rosto não será confundido.

Aleluia, aleluia.

V. Do alto meteu-me nos ossos um fogo que me devora. Aleluia.

No Tempo Pascal omite-se o Gradual e o Aleluia e diz-se o duplo Aleluia:

Allelúja, allelúja. V. Thren. 1, 13. De excélso misit ignem in óssibus meis, et erudívit me. Allelúja.

V. Ps. 38, 4. Concáluit cor meum intra me: et in meditatióne mea exardéscet ignis. Allelúja.

Aleluia, aleluia. V. Do alto meteu-me nos ossos um fogo que me devora. Aleluia.

V. Arde-me no peito o coração e os meus pensamentos são fogo que me abrasa. Aleluia.

Evangelho. Lc. 12, 35-40.

Continuação do S. Evangelho segundo S. Lucas. Naquele tempo, disse Jesus a seus discípulos: Estejam cingidos os vossos rins, e nas vossas mãos lâmpadas acesas, e fazei como os homens que esperam o seu senhor quando volta das bodas, para que, quando vier e bater à porta, logo lha abram. Bem-aventurados aqueles servos, a quem o senhor achar vigiando, quando vier; na verdade vos digo que se cingirá e os fará sentar à mesa, e, passando por entre eles, os servirá. E se vir na segunda vigília, e se vier na terceira vigília, e assim os encontrar, bem-aventurados são aqueles servos. Mas sabei que, se o pai de família soubesse a hora em que viria o ladrão, vigiaria sem dúvida, e não deixaria assaltar a sua casa. Vós, pois, estai preparados, porque, na hora que não cuidais, virá o Filho do homem.

Offertorium. Ps. 118, 32.

Viam mandatórum tuórum cucúrri, cum dilatásti cor meum (T. P. Allelúja).

Corri no caminho dos teus mandamentos, porque tu me alargaste o coração (T. P. Aleluia).

Secreta

Sacrifíciis praeséntibus, quaésumus, Dómine, inténde placátus: et praesta; ut illlo nos igne Spíritus Sanctus inflámmet, quo beáti Philíppi cor mirabíliter penetrávit. Per Dóminum [...] in unitáte ejúsdem Spíritus Sancti.

Dignai-Vos aceitar, Senhor, o presente sacrifício e fazei que o Espírito Santo nos abrase no mesmo fogo com que penetrou o coração do bem-aventurado Filipe. Por Nosso Senhor Jesus Cristo [...] em unidade do mesmo Espírito Santo.

Communio. Ps. 83, 3.

Cor meum et caro mea exsultavérunt in Deum vivum (T. P. Allelúja).

O meu coração e a minha carne alegraram-se no Deus vivo (T. P. Aleluia).

Postcommunio

Caeléstibus, Dómine, pasti delíciis: quaésumus; ut beáti Philíppi Confessóris tui méritis et imitatióne, semper éadem, per quae veráciter vívimus, appetámus. Per Dóminum nostrum Jesum Christum [...]

Saciados, Senhor, neste delicioso banquete, humildemente Vos suplicamos que, por intercessão e a exemplo do bem-aventurado Filipe, aspiremos de contínuo a esses mistérios que encerram a plenitude da vida. Por Nosso Senhor Jesus Cristo [...].

FIGURA 19 – *NOSSA SENHORA APARECE A SÃO FILIPE NÉRI*, S. CONCA (1680-1764)[51]

---

[51] Disponível em: <https://commons.wikimedia.org/wiki/File:Sebastiano_conca,_la_madonna_appare_a_san_filippo_neri,_1740.jpg>. Acesso em: 10 fev. 2018.

VII

MEDITAÇÃO NA FESTA DE SÃO FILIPE NÉRI

Modo de fazer oração mental segundo Santo Afonso[52]

A meditação ou oração mental contém três partes: a preparação, a meditação e a conclusão.

I. PREPARAÇÃO

Na Preparação fazem-se três atos:

1º. Ato de *Fé*, na presença de Deus, dizendo: "Meu Deus, eu creio que estais aqui presente e Vos adoro com todo o meu afeto".

---

[52] CRISTINI, T. M. **Meditações para todos os dias e festas do ano tiradas das obras ascéticas de Santo Affonso Maria de Ligório**. Friburgo em Brisgau (Alemanha): Herder & Cia, 1921. Tomo I: Desde o Primeiro Domingo do Advento até a Semana Santa inclusive, 1921, p. 1-4.

2º. Ato de *Humildade*, por um breve ato de contrição: "Senhor, nesta hora deveria eu estar no inferno por causa dos meus pecados; de todo o coração me arrependo de Vos ter ofendido, ó Bondade infinita".

3º. Ato de *Petição* de luzes: "Meu Deus, pelo amor de Jesus e Maria, esclarecei-me nesta meditação, para que tire proveito dela".

Depois uma *Ave-Maria* à Santíssima Virgem, a fim de que nos obtenha esta luz; e na mesma intenção um *Gloria-Patri* a São José, ao Anjo Custódio e ao nosso santo protetor.

Esses atos devem ser feitos com atenção, mas brevemente, depois do que se fará a *Meditação*.

II. MEDITAÇÃO

Para a Meditação sirvamo-nos sempre de um livro, ao menos no começo, parando nas passagens que mais impressão nos fazem. São Francisco de Sales diz que devemos imitar as abelhas, que se demoram numa flor enquanto acham mel, e voam depois para outra.

São Filipe Néri: *devocionário*

Note-se, além disso, que são três os frutos da meditação: *afetos, súplicas* e *resoluções*; nisso é que consiste o proveito da oração mental. Assim, depois de haverdes meditado numa verdade eterna, e Deus ter falado ao vosso coração, é mister que faleis a Deus:

1º. Pelos *afetos*, isto é, pelos atos de fé, agradecimento, adoração, louvor, humildade e, sobretudo, de amor e de contrição, que é também ato de amor. O amor é como que uma corrente de ouro que une a alma a Deus. Conforme Santo Tomás, todo o ato de amor nos merece mais um grau de glória eterna. Eis aqui exemplos de atos de amor: "Meu Deus, eu Vos amo sobre todas as coisas. – Eu Vos amo de todo o meu coração. – Fazei-me saber o que é do vosso agrado; quero fazer em tudo a vossa vontade. – Regozijo-me por serdes infinitamente feliz".

Para o ato de contrição basta dizer: "Bondade infinita, pesa-me de Vos ter ofendido".

2º. Pelas *súplicas*, pedindo a Deus luzes, a humildade ou qualquer outra virtude, uma boa morte, a salvação eterna; mas principalmente o dom do seu santo amor e a santa perseverança, porque, no dizer de São Francisco de Sales, com o amor se alcançam todas as graças.

Se a nossa alma está em grande aridez, basta dizermos: "Meu Deus, socorrei-me. Senhor, tende compaixão de mim. Meu Jesus, misericórdia!" – Ainda que nada mais fizéssemos, a oração seria excelente.

3º. Pelas *resoluções*. Antes de se terminar a oração, cumpre tomar alguma resolução, *não geral,* como evitar toda falta deliberada, de se dar todo a Deus, mas *particular,* como evitar com mais cuidado um defeito em que se caía mais vezes, ou praticar melhor uma virtude em que a alma procurará exercer-se mais vezes: como seja, aturar o gênio de UMA pessoa, obedecer mais exatamente a determinado Superior ou Regra, mortificar-se mais frequentemente em tal ponto etc. Nunca terminemos a nossa oração sem havermos formado uma *resolução particular.*

III. CONCLUSÃO

Enfim, a Conclusão da oração compõe-se de três atos:

1º. De *agradecimento* pelas luzes recebidas, e de *pedido de perdão* das faltas cometidas no tempo da oração: "Senhor, eu Vos agradeço as luzes e os afetos que me destes nesta meditação e Vos peço perdão das faltas nela cometidas".

2º. De *oferecimento* das resoluções tomadas e de *propósito* de guardá-las fielmente: "Meu Deus, eu Vos ofereço as resoluções que com a vossa graça acabo de tomar, e resolvido estou a executá-las, custe o que custar".

3º De *súplica*, pedindo ao Pai Eterno, pelo amor de Jesus e de Maria, a graça de executá-las fielmente: "Meu Deus, pelos merecimentos de Jesus Cristo e pela intercessão de Maria Santíssima, dai-me a força de pôr fielmente em prática as resoluções que tomei".

Termina-se a oração recomendando a Deus a santa Igreja, os seus Prelados, as almas do purgatório, os pecadores e todos os nossos parentes, amigos e benfeitores, por um *Padre-Nosso* e uma *Ave-Maria,* que são as orações mais úteis por nos serem ensinadas por Jesus Cristo e pela Igreja: "Senhor, eu Vos recomendo a santa Igreja com os seus Prelados, as almas do purgatório, a conversão dos pecadores, e todas as minhas necessidades espirituais e temporais, bem como as dos meus parentes, amigos e benfeitores".

Depois da Meditação

Depois da meditação devemos:

1º. Conforme o conselho de São Francisco de Sales, fazer um ramalhete de flores a fim de cheirá-lo durante o dia, quer dizer, imprimir bem na memória um ou dois pensamentos que mais impressão nos fizeram, para os recordarmos e nos revigorarmos durante o dia.

2º Pôr logo em prática as resoluções tomadas, tanto nas ocasiões pequenas como nas grandes, que se apresentarem: por exemplo, suportarmos com paciência uma pessoa irada contra nós, mortificarmo-nos na vista, no ouvido, na conversa.

3º Por meio do silêncio e recolhimento, conservar o mais tempo possível os afetos excitados na oração; sem isso, o fervor concebido na oração esvaecer-se-á logo pela dissipação no proceder ou pelas conversas inúteis.

26 de maio – Festa de São Filipe Néri[53]

Suscitabo mihi sacerdotem fidelem, qui juxta cor meum et animam meam faciet – *"Eu suscitarei para mim um sacerdote fiel que fará tudo segundo o meu coração e a minha alma"* (I Reg. 2, 35).

Sumário. São muitas as virtudes que adornaram a vida desse Santo, mas a que mais o distinguiu e dele fez um sacerdote segundo o coração divino foi o seu amor

---

[53] CRISTINI, T. M. **Meditações para todos os dias e festas do ano tiradas das obras ascéticas de Santo Affonso Maria de Ligório**. Friburgo em Brisgau (Alemanha): Herder & Cia, 1921. Tomo 2: Desde o Domingo de Páscoa até à Undécima semana depois de Pentecostes inclusive, 1921, p. 333-335.

a Deus e ao próximo. Para o remunerar, também à vista dos homens, Deus o fez pai de uma família santa e numerosa, e fê-lo morrer vítima de amor, na festa do Corpo de Deus. Regozijemo-nos com São Filipe; agradeçamos por ele a Deus e, olhando em seguida para o estado da nossa alma, envergonhemo-nos da nossa tibieza.

I. Considera as virtudes que adornaram a vida desse grande Santo e fizeram dele um sacerdote fiel segundo o Coração de Deus. Sabendo o quanto a oração nos é necessária e o quanto nos é recomendada nas Sagradas Escrituras, o Santo fez dela a sua ocupação principal. Depois de visitar, durante o dia, as basílicas de Roma, ia à tarde para as catacumbas, onde, à imitação de Jesus Cristo, passava a noite em oração a Deus: *Erat pernoctans in oratione Dei.* (Luc. 6, 12). – Foi devotíssimo à Bem-aventurada Virgem, que ele chamava às suas delícias; e exortando os outros à mesma devoção, dizia: "Meus filhos, se desejais obter a santa perseverança, sede devotos à Virgem".

Dissemelhante a tantos outros que, escravos de seu corpo, acariciam-no e tratam delicadamente, Filipe, ao contrário, considerava-o como escravo do espírito, castigava-o e pelas mortificações o reduzia à servidão. – Persuadido, além disso, de que a mortificação externa de nada vale sem a interna, aplicou-se com todo o empenho a reprimir as suas paixões. Em particular, no que diz respeito ao amor próprio, que é o nosso inimigo pior, é impossível dizer de que santos estratagemas usava a fim de ocultar as suas virtudes e fazer-se desprezar por todos.

Tão desconfiado estava de si mesmo, que todos os dias dizia a Deus: "Senhor, não Vos fieis em mim, que sou um perjuro. Senhor, segurai-me pela vossa mão, sem o que cometerei os maiores crimes". Na sua profunda humildade recusou diversas vezes as dignidades eclesiásticas e, julgando-se indigno do sacerdócio, não se fez ordenar senão por obediência.

Regozija-te com o Santo, mas examinando ao mesmo tempo a tua consciência, pergunta a ti mesmo: como é que pratico a oração? Qual é a minha devoção a Nossa Senhora? Sou, à imitação de São Filipe, amante da mortificação e da humildade, inimigo da moleza e da ambição?

II. A virtude principal que fez de São Filipe um sacerdote fiel segundo o coração de Deus, foi o seu amor a Deus e ao próximo. Com efeito, ele pôde dizer com o Apóstolo: *Caritas Christi urget nos* (2 Cor 5, 14) – "A caridade de Cristo nos constrange". O amor foi o princípio de todas as ações do Santo e inspirou-lhe mesmo o desejo de ir para as Índias a fim de pregar ali a fé e derramar o seu sangue por Jesus Cristo. – Não lhe sendo isso permitido, quis o Santo compensar-se pelo apostolado exercido em Roma. Ali o seu amor aumentou de tal modo, que o coração não pôde conter-se dentro dos limites marcados pela natureza e foi preciso que Deus, por um milagre, alargasse-lhe o peito, rompendo duas costelas.

Deus, porém, recompensou abundantemente o entranhado amor do Santo, tanto nesta vida como na outra. Fê-lo participar do seu poder e da sua glória; deu-lhe uma santa e numerosa prole espiritual e fê-lo morrer vítima de amor na festa do Corpo de Deus. – Se, à imitação dos Santos, queres morrer morte doce e suave, e ter com ele parte na glória, escolhe-o hoje para o teu protetor especial e roga-lhe por essas intenções; ao mesmo tempo, envergonhado da tua tibieza, resolve-te a imitar as exímias virtudes de São Filipe.

+ Ó glorioso São Filipe, que recebestes de Deus o dom singular de consolar e ajudar os vossos filhos espirituais na hora da sua morte, sede também o meu advogado e pai, quando me achar naquela hora tremenda. Alcançai-me que então o demônio não me vença, a tentação não me oprima e o temor não me desanime; mas que, fortalecido por uma fé viva, uma esperança firme e um amor sincero, suporte com paciência e perseverança os últimos combates; de forma que, cheio de confiança na misericórdia do

Senhor, nos merecimentos infinitos de Jesus Cristo e na proteção de Maria Santíssima, seja digno de morrer da morte dos justos e ir gozar da glória bem-aventurada do paraíso, a fim de amar e gozar a Deus para sempre, juntamente convosco e com todos os Santos (Indulg. de 100 dias). – "Ó Deus, que sublimaste São Filipe à glória dos Bem-aventurados, concedei-me que, celebrando com alegria a sua festa, me aproveite ao mesmo tempo dos exemplos das suas virtudes" (Or. festi). Fazei-o pelo amor de Jesus Cristo e pela intercessão de Maria Santíssima.

FIGURA 20 – *SÃO FILIPE NÉRI*, C. DOLCI (1616-1686)[54]

---

[54] Disponível em: <https://upload.wikimedia.org/wikipedia/commons/d/d9/Carlo_dolci%2C_san_filippo_neri.jpg>. Acesso em: 06 out. 2018.

REFERÊNCIAS

BACCI, P. G. **Vita di S. Filippo Neri**. Monza: Tipografia dell'Instituto dei Paolini, 1851.

CRISTINI, T. M. **Meditações para todos os dias e festas do ano tiradas das obras ascéticas de Santo Affonso Maria de Ligório**. Friburgo em Brisgau (Alemanha): Herder & Cia, 1921. Tomo 1: Desde o Primeiro Domingo do Advento até a Semana Santa inclusive.

CRISTINI, T. M. **Meditações para todos os dias e festas do ano tiradas das obras ascéticas deSanto Affonso Maria de Ligório**. Friburgo em Brisgau (Alemanha): Herder & Cia, 1921. Tomo 2: Desde o Domingo de Páscoa até à Undécima semana depois de Pentecostes inclusive.

FABER, F. W. **The maxims and sayings of St. Philip Neri**. Feed Books, 2011. (Também disponível em: <http://www.oratorian.org>).

IGREJA CATÓLICA. Papa (1903-1914: Pio X). **Catecismo maior de São Pio X**: terceiro catecismo da doutrina cristã. Niterói: Permanência, 2010.

LEFEBVRE, G. **Missal quotidiano e vesperal**. Bruges: Desclée de Brouwer & Cie, 1955.

LIBER USUALIS. Tournai: Desclée & Co., 1961.

LITURGIA LATINA. Disponível em: <http://www.liturgialatina.org/>. Acesso em: 28 jun. 2019.

PARENTE, P. **Diccionario de Teología Dogmática**. Barcelona: Editorial Litúrgica Española, 1955.

PARROCCHIA SANTA MARIA IN VALLICELLA. Roma. Disponível em: <http://www.vallicella.org/>. Acesso em: 28 jun. 2019.

ROHRBACHER. **Vida dos Santos**. v. 9. São Paulo: Editora das Américas, 1959.

STRENNA Cristiana ossia Ricordi e Detti di San Filippo Neri. Modena: Tipografia Camerale, 1835.

VILDÓSOLA, D. C. G. **Máximas entressacadas de las obras de San Felipe Neri y distribuídas para todos los dias del año**. Madrid: Imprenta de la Viuda e hijos de J. Velasco, 1910.

XIMENES, G. S. **Filipe Neri**: o sorriso de Deus. São Paulo: Quadrante, 1998.

* * * * * * *

LAUS DEO VIRGINIQUE MATRI